知的生きかた文庫

数学的に考える力をつける本

深沢真太郎

三笠書房

はじめに　数字も計算もいらない本！

数学の本質は、コトバにあります。

数学とはコトバの学問であるというのが、「数学とは何か」に対する私の答えです。計算が上手になるための学問ではありません。

- **数学は人生を変えるためのもの**
- **数学はものごとの構造をつかむためのもの**
- **数学は納得をつくるためのもの**
- **数学は簡潔にわかりやすく伝えるためのもの**

ひとつでも違和感を覚える1行があったなら、その違和感を大切にしてください。

そして、ぜひこのまま本書を読み進めてみてください。あなたは本当の数学の姿を知り、人生すらも変わっていくことでしょう。

安心してください。**本書は難しい数学的理論や複雑な計算式を使いません。というより、本書の中では数字を使った計算はしません。**驚かれるかもしれませんが本当です。

くり返しますが、本書では「数字を使った計算」をしません。なぜなら、**数学とはコトバの学問であり、計算は本質ではない**からです。

本質とは何か。たとえば「ムダな会議が多い」という問題を考えるとき、私ならこうアプローチします。

本当に1時間も必要？
本当に10名も必要？
本当に紙の資料が必要？
本当に会議室と机、椅子が必要？

もしかしたら、その会議はたったふたりで、3分立ち話をすれば済むことかもしれません。

たとえばあなたの命が残り1ヵ月だとしたら。ムダなことをしている時間はありません。自分にとって本当に大切なことは何かを考えるでしょう。

結果、普段いかに余計なことをしていたか、いかに大切なことを見落としていたか、気づくに違いありません。

それって本当に必要？
削《そ》ぎ落としていったら何が残る？

ものごとの本質とは、そうして大胆に考えていくことで見えてくるものだと思います。

私はビジネス数学教育家として、数学をビジネスパーソンの人材育成に活用している教育コンサルタントです。人に数学を教えているのではなく、人を数学的にしています。

本書はそんな私が、「数学」というものをまったく新しい視点で眺め、ムダなものを削ぎ落とし、大胆に考えていくことでその本質をあぶり出したものです。どんなに数学が苦手だったビジネスパーソンや学生でも、簡単に「数学的に考える力」が身につくように整理してお伝えしています。

そういう意味で、本書は「新しい数学の本」と申し上げてよいと思います。

なぜ、私たちは数学を学んだのか。私たちビジネスパーソンにとって、いいえ、すべての大人にとって、あの数学の授業はいったい何だったのか。充実した毎日を送るために、人生を輝かせるために、数学はどう貢献してくれているのか。結局、数学は役に立つのか。すべて本書の中で、答えを提示します。

そろそろ始めましょう。

本書を読み終えたとき、あなたの数学への苦手意識は解消され、新たな強みが生まれ、ビジネスにも人生にも大きな変化が起きていくことでしょう。

深沢真太郎

CONTENTS

chapter 2

できる人は「数学コトバ」で伝えている

chapter 3

「考える」とは「構造化」する力である

chapter 4

人生を変える「論証力」の磨き方

企画協力／コンセプトメイキング
本文イラスト／芦野公平
本文ＤＴＰ／フォレスト

chapter 1

数学の本質は「アタマを一瞬で整理する」こと

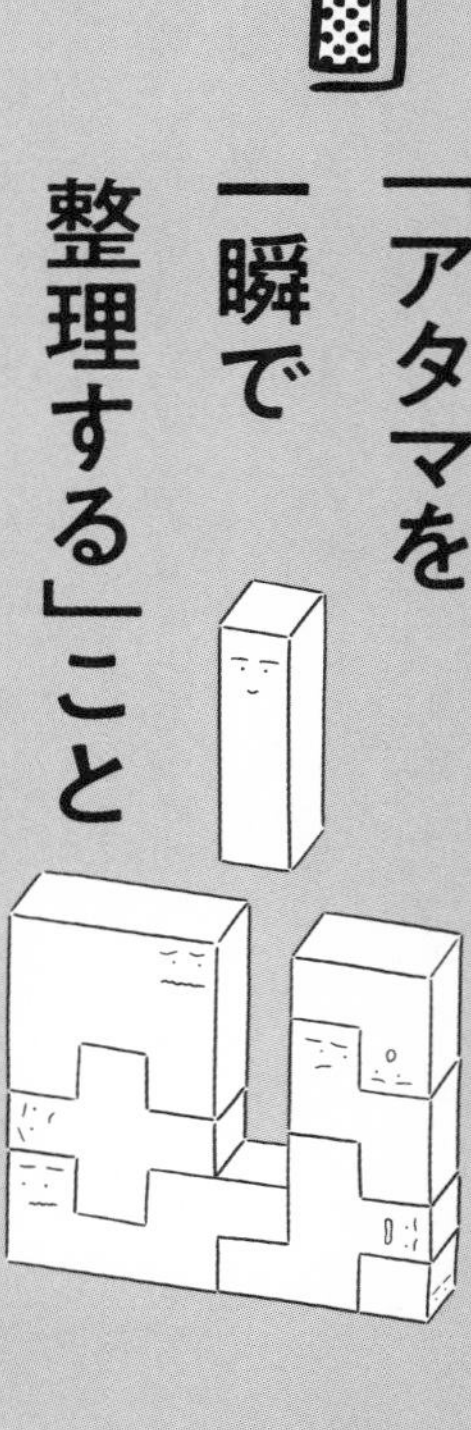

1 数学を役立たせるか否かは、あなた次第

数学にのめり込んだ私の少年時代

はじめに、ある少年の話を少しだけ。

その少年は学校のサッカー部に所属していました。厳しい練習に耐えながら、サッカーに夢中になる日々。

そんなある日、顧問の先生が彼にこう言います。

「頑張れ！　サッカーを通じて培われた忍耐力や協調性は、将来きっと役に立つ」

たしかに少年は部活動を通じていろいろなことを学ぶかもしれません。そういう意味では、先生の言っていることは間違いではないでしょう。

しかし、少年は「ここで得たものをいずれ役立てよう」と思って厳しい練習に耐えているわけではなく、協調性を培うために仲間を大切にしているわけでもありません。

単にサッカーが好きだから。面白いから。シュートを決めることが快感だから。

このチームで試合に勝つことが何よりも嬉しいから。

夢中になる理由は、ただそれだけでした。

その少年は一方で、くるったように数学にものめり込みます。その理由は「数学が大人になって役に立つから」ではありません。**単純に楽しかったから。快感だったから。**テストで満点が取れるから。ただそれだけです。


お気づきかもしれませんが、この少年はかつての私です。つまり、私にとっては数学もサッカーも同じ。汗をかき、夢中になり、喜びを得る行為。

数学を学ぶということは、スポーツをすることと同じでした。


「数学を勉強していったい何の役に立つのか、誰も教えてくれなかった」

学生のころ数学でイヤな思いをした人から、よくこのせりふを聞きます。あなたも似たような言葉を耳にしたことがあるでしょう。この人は授業が苦痛で仕方なかったのかもしれません。興味を持てずに途中で挫折してしまったのかもしれません。

しかし、私はこの人に聞いてみたい。「では、将来何の役に立つのかをそのときしっかり教えられていたら、あなたは数学を一生懸命勉強したと思う？」と。
おそらく、答えはノーです。そして真実はこうです。単に数学というものが楽しくなかっただけ。面白く感じなかっただけ。だから勉強しなかっただけ。
「数学を勉強していったい何の役に立つのか、誰も教えてくれなかった」というせりふが後づけの言い訳に思えてしまうのは、私だけでしょうか。

人間はどんなに正論を言われても、結局は「気分」で生きています。ダイエット中にもかかわらず、お酒を飲んだあとのラーメンがやめられない人。道に外れた行為だとわかっていても、してはいけない恋に走ってしまう人。あげればキリがありません。いくら「いずれ役立つよ」と正論を言われても、イヤな気分だったら勉強などしないのです。

誤解していただきたくないのですが、数学を勉強しなかった人を非難しているわけではありません。数学嫌いを生む原因を問われたら、私の答えは「教育が悪い」です。ただ、世の中で数学が「役立つか役立たないか」の議論があまりに多いので、まずその答えを提示する必要があると考えたのです。

数学嫌いでも、数学の本質は身につけられる

「数学は役立つのか、役立たないのか、どちらだ？」と問われれば、私の答えはもちろん「役立つ」です。しかし、その中身はあなたが想像するものとは少し違うかもしれません。次の2行をお読みください。

- **役立つから、勉強する**
- **まず勉強し、それがどう役立つかを考える**

私が前者のスタンスに否定的であることは、すでに述べたとおりです。後者のスタンスでいます。すなわち、次が私の答えです。シンプルですね。

あなたが役立てようと思えば役立つし、役立てようと思わなければ役立たない。

かつて数学というものに対して興味を持てず、嫌い、あるいは苦手になってしまった人は、単に運が悪かっただけです。好きになるきっかけがなかっただけと言っ

てもいいかもしれません。

私は幸運にも数学が魅力的に思え、「役立つか役立たないか」に関係なく、しっかり勉強することができました。具体的に言えば、問題にアタックして正解を出す行為が、その問題を「征服」している感覚に近く、ある種の快感を覚えていたのだと思います。ひとつ問題を解けば、次の問題も解きたくて仕方なくなる状態。いま思えば、中学校や高等学校の数学教師に感謝するべきなのかもしれません。おかげで他の教科はひどいありさまでしたが……。

もしあなたがどんなに数学嫌いだったとしても、いまから数学の本質を知ることは可能です。それを仕事などの実生活に役立てることもできます。

そのために、まずは数学とは何だったのかをじっくり考えていくことにしましょう。言い換えれば、数学を丸裸にする作業を行うということです。知れば人生に大変なプラスとなる数学の本質をここで発表するわけです。

安心してください。難しい理論や計算式の登場は一切ありませんから。

2 数学とは、コトバの使い方を学ぶ学問だった!?

主役は計算ではなく、コトバ

シンプルな問いに対する答えほど、本質をよく表現するものです。

たとえば「給与」とは何でしょうか。

「毎月もらうもの」

「生活の糧《かて》になるもの」

そんな答えが一般的かもしれません。

一方で、「会社がしている投資」という考え方もあるでしょう。

何ごとも、リターンを得るには投資をする必要があります。会社は従業員に成果を求めて給与という投資をするのです。これが給与の本質かもしれません。

株式投資では、成果というリターンがなければ、その銘柄は持っていても意味がありません。いずれは処分することになるでしょう。そのように考えると、給与というものがより明確に見えてきます。

では、シンプルな問いをもうひとつ。

数学とは、いったい何をする学問でしょうか。

私が耳にした答えの多くに「計算」という表現が含まれていました。たしかに、数学の授業ではかなりの時間を計算に費やしました。しかし、数学の主役は本当に「計算」なのでしょうか。

私の答えはノーです。

計算という行為は、単なる作業です。先生に教えられたルールのとおりにやれば、誰でも正しい答えを導けます。ましてビジネスパーソンなら、現場では電卓やエクセルを使うだけの機械的な作業になっていることでしょう。

つまり、もし数学が計算することを主とする学問だとすると、「数学＝作業」ということになってしまいます。

数学＝作業？　そうなのか？

どんなに数学が嫌いだった人でも、この結論には違和感を持つのではないでしょうか。もちろん私も同じです。すなわち、数学の本質は「計算」ではないということです。そこで、私の答えを1行で述べることにします。

数学とは、コトバの使い方を学ぶ学問。

この「コトバ」とは、もちろんあなたが認識する「言葉」と同義です。わかっています。おそらくあなたは、「言葉の使い方を学ぶのは国語では？」という疑問を持ったことでしょう。もちろん、言葉の使い方を学ぶのは国語という見方も正しいのですが、私は数学もコトバの使い方を学ぶために勉強するものだと考えています。

数学で使われているコトバの正体

たとえば、五角形の面積をどう求めるか考えてみます（27ページ図表1参照）。「しかも」や「ゆえに」のような論理的なコトバ（矢印⬇で表現）で事実をつなげていくことで、五角形の面積を求める手法を説明できました。

「論理的なコトバ」という表現はちょっとカタいかもしれません。少し柔らかく「論理コトバ」と表現することにします。

ここからが重要です。もしあなたが学生だったら、このあとに実際に面積を計算し正解を求める行為をするわけです。でもよく考えてみてください。その計算という行為は単なる作業です。果たして数学という学問において、計算という作業は重要なことでしょうか。

いいえ。

重要なのは計算を正確にすることではなく、その前に論理コトバを使って問題の構造を把握した行為ではないでしょうか。

要するに、計算するという行為は数学のほんの脇役にすぎないのです。はっきり言いましょう。なくても困らないものです。

これが、数学とはコトバの使い方を学ぶ学問であるという私の主張の根拠です。

数学≠計算する学問
数学＝論理コトバを使う学問

図表1 「五角形の面積の求め方」をコトバで表すと

三角形の面積は「底辺×高さ÷2」で求められる。

しかも

どんな五角形も、3つの三角形に分けることができる。

ゆえに

それら3つの面積を合計することで、
五角形の面積を求めることができる。

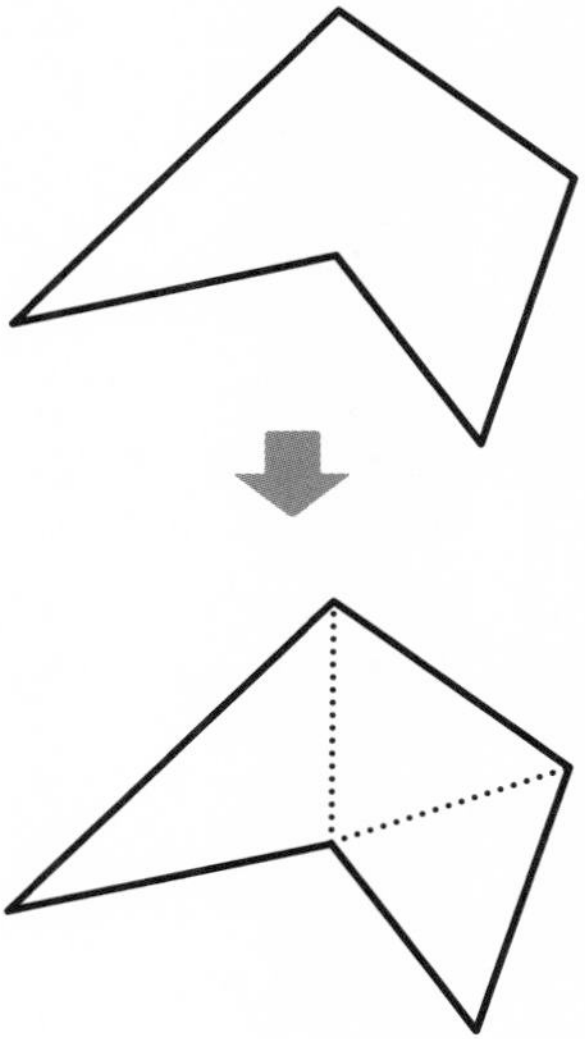

これが本当の数学の姿なのです。

余談ですが、いま大学生などは就職活動のときに能力検査のようなものを受検します。パスしないと面接などの採用活動に進めないのですが、能力検査の中には「言語」と「非言語」に概念を分け、別々に実施するものもあるようです。「言語」はいわゆる国語。「非言語」がいわゆる算数や数学など数的思考力を確認するものとされています。

数学をコトバの学問と定義している私には、当然ながらこの分け方に納得できないでいます（苦笑）。どちらもコトバを扱う検査です。どうしても分けたいのなら、「国語力」と「数字力」といった名称にしてもらいたいと思うのですが……。

これ以上続けるとさらに脱線してしまいます。次に進みましょう。

3 考える力をどう身につけるか

わかっているのに説明できない症候群

私の主張にご納得いただくためには、もう少し説明が必要な気がしています。何しろ、私たちは数学の授業で相当量の計算をさせられてきましたからね。

そこで、ふたつほど具体的なエピソードをご紹介することにします。

まずひとつ目。

企業研修や大学の講義など教育の現場にいて、痛切に感じることがあります。自分ではわかっているのに誰かに説明することができない人の多さです。

要するに、こういうことです。

論理コトバを使ってものごとの構造を把握し、論証し、第三者にわかりやすく説明する行為ができない。

たとえば、机上では問題をスラスラ解くのに、ホワイトボードや黒板を使って説明してほしいと要求すると、強く拒否する学生がいます。理由は、「先生の説明をふまえてなんとなく『雰囲気』で解いた結果なので、正解かどうか自信がないから」だと言うのです。

あるいは、「自分では理解できているんですけど、部下に説明するのが難しくて」という悩みを抱えているビジネスパーソンも少なくありません。興味深いのは、数学の勉強がとてもできたはずの理系出身の優秀なビジネスパーソンの多くが、意外に説明やプレゼンテーションが下手だということです。あくまで私の経験からくる感覚値ですが。

いくら数学の成績がよかったとしても、これでは数学を役立てられていないと言えるでしょう。

なぜ、彼らは数学を役立てられていないのか。

それはかつての授業で「作業」しかしなかったからです。作業だけさせ、○×《マルバツ》を与えるだけの教え方は、こういう大人をつくってしまうのです。

「円周率とは？」「3・14です」は大間違い

ふたつ目の事例を。

たとえばあなたに「円周率とは何でしょうか？」と訊《たず》ねたとします。どう答えるでしょうか。もっとも多い答えがこれです。

「3・14です」

いいえ、そうではなくて、私は「円周率とは何か」を訊ねています。つまり**円周率の定義**です。円周率の値を訊ねているわけではありません。

円周率とは「円の直径の長さと円周の長さの比率のこと」です。どんな大きな（小さな）円でも、必ずその比率は一定の値になります。どんな大きな（小さな）円でも、です。それって誰が見つけたのでしょう！　すごい発見ですよね！（数学好きの人間は、こういうところで興奮する性質があります）

どうやって見つけたのか。円というものの構造をどんなアプローチをして把握し、どう筋道を立てて結論を導いたのか。それこそが数学なのです。

おそらくかつての数学者たちも、円周率発見の過程において、論理コトバをたくさん使って思考したはずです。

・計算する数学→円の面積を求められるようにさせる（3・14として計算させる）
・計算しない数学→円周率とは何かを理解させ、説明できる状態にさせる

「3・14です」という答えが出るのは、前者の立場の教育を受けた結果です。円周率を単なる作業の道具としてしか認識していないことを端的に示しています。私が数学教師なら、後者のテーマで授業をするでしょう。数学でもっとも大切な論理コトバの使い方を学ぶことができますから。

計算をやめると頭が動きだす

ここで極端な話をします。
もし数学の授業で計算を禁止したら、何が起こるでしょうか。
もちろん、現実を無視した極論です。学校の教師からは鼻で笑われるでしょう。

それでも、何が起こるのかを想像してみましょう。

計算漬けの授業では、生徒は計算という作業によって○《マル》をもらえるのですから、当然、作業しかしなくなります。教師には「作業の仕方」を教えてもらおうとします。それだけで十分だからです。生徒が教師に「解き方を教えてください」としばしば言うのは、このような背景があるからです。

教師も、計算という作業さえさせれば授業が成立するのですから、失礼ながらそのほうが授業の準備はラクです。生徒も教師も、作業にかまけて「考えること」をしなくなっていきます。

しかし、計算なしの授業となると、教師は数学の本質を伝えなければならず、どう生徒に伝えるかに知恵を絞ることでしょう。その過程で、間違いなく教師自身が作業ではなく、論理コトバを駆使して思考しているはずです。

そんな授業は、おそらく生徒も論理コトバを使って徹底的に思考する時間になるはずです。教える側も教えられる側も、論理コトバを使って考え、本質をとらえようとするのです。

素晴らしいことだと思います。いったい何の問題があるでしょうか。

ここまでの説明で、数学とは、コトバの使い方を学ぶ学問であるという本質について、もう十分お伝えできたと思います。この本質を理解いただければ、いまからでもあなたは数学的な人物に変わることができます。そのエッセンスをビジネスだけでなく暮らし全般に役立てることもできます。

では、具体的にどうしていけばよいか、話を前に進めましょう。

4 数字も計算もいらない数学の学び直し

使うコトバを変えればいい

大人になったいまからでも数学を学べる方法はあります。

・大人向けの数学教室に通う
・「数学の学び直し」をテーマにした書籍を購入し、自主学習する

誰でも思い浮かぶ方法ですが、いずれの方法も推奨します。ただし、単に問題を解いて○×だけの学習はNGです。

となると、どう勉強してよいか戸惑うかもしれません。

そこで、私からひとつ提案です。

勉強する必要はない。そのかわり、日常生活で使うコトバを変えなさい。

これが、いまからでも数学的な人物に変身できる方法です。教科書も参考書もいりません。もちろん数学教師もいりません。「おいおい、ふざけているのか？」とお叱りを受けそうですが、もう少し話を聞いてください。

先ほど27ページでご紹介した五角形の面積の話を思い出してください。

三角形の面積は「底辺×高さ÷2」で求められる

↓ **しかも**

どんな五角形も、3つの三角形に分けることができる

↓ **ゆえに**

それら3つの面積を合計することで、五角形の面積を求めることができる

私は「これが数学である」とお伝えしています。

ということは、これと同じことを日々の生活の中で行えば、あなたは数学を使っているということになるのではないでしょうか。もちろん日常生活で五角形の面積を求めるということではなく、**構造化して矛盾やムダのない論述をし、誰もが10**

0%納得できるように説明する（伝える）ことです。

カレーの材料の買い出しを、数学的に頼む方法

たとえばあなたに子どもがいて、その子どもにカレーの材料を買ってくるように伝えるとします。

「カレーに必要な材料、適当に買ってきて」と言っても、もちろんよいわけですが、子どもは何を買えばよいか困ってしまうかもしれません。「適当に」と言いたくなるのをグッと我慢し、少し考えてから伝えてください。たとえばこんな感じです。

必要なのは全部で、牛肉・ジャガイモ・ニンジン・タマネギ・ルー

⬅ **しかも**

冷蔵庫の中にはジャガイモ・ニンジン・タマネギが十分にある

⬅ **ゆえに**

必要なのは牛肉・ルーだけ

子どもは納得し、安心して買い物ができるでしょう。すでに冷蔵庫にあるものを買ってくるというムダも生じません。先ほどの五角形の論述の応用です。当たり前の言い換えだと言われればそれまでですが、これも立派な数学の活用です。

要するに「普段からちゃんと考えて伝えましょう」という事例ですが、「ちゃんと考えて伝える」ことは論理コトバを使えば簡単にできるようになるのです。

思考を促すコトバとは

もうひとつ例をあげましょう。あなたがビジネスパーソンで、昨日の売上高が450万円でそれは前日比96％だったというデータを知ったとします。

もし「なぜなら」という論理コトバを自分に問いかけたら、きっと原因の特定と改善策を考える方向に思考が進むでしょう。

昨日の売上高450万円（前日比96％）

⬅ **なぜなら**

悪天候のため、来客数はおよそ10％減だった

⬅ **ゆえに**
明日以降の晴天の日は販売強化日とする必要がある

しかし、もし同じ局面で「一方で」という論理コトバを自分に問いかけたら、何かとの比較という方向に思考が進むでしょう。

昨日の売上高450万円（前日比96％）
⬅ **一方で**
競合他社の数字は400万円（前日比90％）との情報あり
⬅ **ゆえに**
450万円という数字は決して悲観するものではない

このように、論理コトバを使うことで思考の方向性が定まります。論理コトバは思考を促してくれるのです。いままでは使わなかった論理コトバを、最初は無理やりでもいいので使ってみる。これが、私が提案する「数学の学び直し」です。

5 「数学コトバ」を定義する

「たとえば」「つまり」も数学コトバだった！

数学が主題の本なのに、主役が明らかに言葉であることに、あなたは少々戸惑っているかもしれません。理由は「数学」のイメージと「言葉」という概念のあいだに距離があるからでしょう。

そこで、いまからその戸惑いを消し去る作業をします。数学とはコトバを使う学問であり、そのコトバをここまでは「論理コトバ」と表現してきました。これをもっと端的なひと言で表現したい。そのため、私はこんな言葉をつくりました。

数学コトバ。

「数学」と「言葉」のあいだに距離があるのなら、いっそ結合させてしまえばいい。そんな単純な発想ですが、これ以上わかりやすく本質的な表現はありません。

図表2　代表的な数学コトバ

数学コトバ	機能
「定義する」	定義
「言い換えると」「裏を返せば」	変換
「しかし」「一方で」	対立
「反例が存在する」「矛盾する」	否定
「かつ」「または」「少なくとも」	条件
「そして」「しかも」「さらに」「また」	追加
「仮に」	仮定
「いったん整理すると」	整理
「だから」「ゆえに」「したがって」「すなわち」	因果
「たとえば」	比喩
「なぜなら」	理由
「以上より」「つまり」	結論
「明らかである」「自明である」	省略

数学で使うコトバだから数学コトバ。ここからは、数学を通じて使い方を学ぶことができる論理コトバのことを「数学コトバ」と定義することにします。

その定義に従えば、数学コトバは前ページの図表2のようにたくさんあります。これですべてではありませんが、代表的なものとしてはこんなところです。なお、分類の仕方は専門家によって個性があるものと思います。あくまで私の考える分類ということをご理解ください。

たとえば（↑これもまさに数学コトバです）、【対立】と【否定】と【因果】の数学コトバは、実際にどう使われているのかを確認しましょう。

【例文】

あなたは、「Aは奇数だ」と主張している。しかし、実際には、Aは偶数である。ゆえに、あなたの主張は矛盾している。したがって、あなたの主張は誤りである。

数学ではこのような論述で正否を判断していくことが頻繁にあります。わかりやすくするために、この例文をモデル化しましょう。

【例文のモデル化】

○
しかし
□
ゆえに
△（矛盾している）
したがって
◇

最初の「しかし」は【対立】です。○と対立関係にある内容として□が登場します。続く「ゆえに」は【因果】です。すなわち、このコトバの前後が原因と結果の関係になっています。

そして、「矛盾している」は【否定】する機能。

最後の「したがって」も【因果】であり、このコトバの前後が原因と結果の関係になっています。

計算をやめて、数学コトバで説明をしてみよう

なんとも理屈っぽい解説になってしまいましたが、数学にはこれらの数学コトバが頻繁に使われていることが、雰囲気だけでも伝わったでしょうか。

参考までに、中学校1年生向けの数学の問題をご紹介しておきます。解答例には、数学コトバが5つも登場します。

すでにあなたは、この問題を解決するうえでもっとも重要なのは、「マイナスにマイナスを掛け算するとプラスになる」という行為（=計算）ではないと考え始めているのではないでしょうか。もちろん、数の性質としてはきわめて重要ではありますが……。

【問題】

「aという数が整数のとき、–a（マイナスa）という数は負の整数である」

この主張は正しいか。誤りか。

【解答例】

まず整数を定義する。整数とは、小数・分数ではない数字すべてのこと
⬅ **仮に**
整数aが負（マイナス）の数だとしたら、-aは正（プラス）の数になる
⬅ **つまり**
この主張には反例が存在する
⬅ **ゆえに**
この主張は誤りである

余談ですが、このような問題を「当たり前だろ」と小馬鹿にする大人もいます。そんな大人に「では私を中学校1年生だと思って説明してみてください」という意地悪なお願いをすると、たいてい絶句します。まさに、「わかっているのに説明できない症候群」ですね。ちょっと意地悪すぎるでしょうか。

6 コトバを変えて人生を変えよう

数学コトバで変わる3つのこと

数学は、数学コトバに依存して成り立っています。裏を返せば(↑これもまた数学コトバ)、あなたが日々の生活やビジネスシーンにおいて、意識的に数学コトバを使えば、数学を学ぶのと同じ行為をしていることになるわけです。

ですから、もし数学を学び直したいのなら、そして数学がどう役立つのかを知り、実際に人生に役立てたいと思うなら、すべきことは机上のお勉強ではありません。

「考えるときに使う言葉、伝えるときに口から発する言葉」を数学コトバに変える。

まずはここから始めてください。

使う言葉を変えれば、それに連動して何かが変わるはずです。

数学コトバを使うことは人生にどう役立ち、あなたの何を変えるのか。これはとても重要なことですよね。何も変わらないのなら、数学コトバなんてネーミングには意味がなくなりますし、ここまで述べてきたこともただの空論になってしまいます。では、どう役立つのか。何を変えるのか。本章の結論はこうです。

「構造把握↓論証↓説明」が飛躍的にうまくなる。

なんだか面白みのない結論ですね。本当は「人生が豊かになる」とか「幸福感が増す」くらい申し上げたいところです。結果的にはそうなりますが、まずは現実的な表現として、次の3つを結論とさせてください。

- **ものごとの構造を把握する能力が飛躍的に高まる**
- **1%の矛盾もなく論証する技術が身につく**
- **わかりやすく簡潔な説明ができるようになる**

ひとつ重要な問題提起をします。

この3つは、あなたの人生にとって重要なことでしょうか。もし重要でないのなら、もうここで本書を閉じてしまうという選択だってアリなわけです。いかがでしょう。

ちなみに私の答えは、「あなたの人生にとってきわめて重要なこと」です。

「構造把握→論証→説明」ですべてうまくいく

お気づきかもしれませんが、実はこの章で、私は何度も「構造把握」「論証」「説明（伝える）」の重要性をお伝えしています。たとえば「わかっているのに説明できない症候群」の話などです。

なぜ、それほどまでにこのエッセンスは重要なのでしょうか。

それは、私たちがする行為のほとんどはこの3つのどれか、あるいは組み合わせで成り立っているからです。すべては「構造把握→論証→説明」のくり返しなのです。

たとえば、あなたがいまの会社を辞めて転職したいとします。

まずはなぜ転職したいのか、その理由を整理する作業が必要でしょう　構造把握

⬅

続いてそれを上司や同僚に説明できるようなストーリーを組み立てます　論証

⬅

そしてその内容を相手にわかりやすく伝えます　説明

あるいは、あなたが意中の相手に愛の告白をするとします。いきなり「好きだ！」と情熱的に想いをぶつけるのも悪くはありませんが、少し冷静になって戦略的に想いを伝えるのもアリです。

もちろん想いがかなうかどうかは相手の気持ち次第ですが、確率は高まります。

まずは相手の好み、恋愛観、過去の恋愛経験などを把握します　構造把握

⬅

それをもとにどう説得するか考え、口説くためのシナリオをつくります　論証

⬅

その内容を相手にわかりやすく伝えます　説明

仕事であれプライベートであれ、このような行為をする局面はたくさんあります。もし「構造把握↓論証↓説明」がうまくできないと、どうなるでしょう。たとえば転職活動なら、円満退職とはほど遠い状態になってしまうかもしれません。下手をすると、キャリアチェンジすらうまくいかなくなる可能性もあります。あるいは愛の告白ならば、「ああ、もっと冷静かつ合理的にアプローチするべきだった」と後悔するかもしれません。フラれた理由が「私のことをちっともわかってくれていない」だとしたら、なおさらです。

つまり、あなたがこの3ステップを使えるかどうかは、人生の勝負どころでうまくいくか否かを決めるのです。もちろん日々の何気ない瞬間においても。

これが、「あなたの人生にとってきわめて重要なこと」の根拠です。

7

「数学は人生を変える」を数学的に証明する

証明は難しくない！

私がこの章でお伝えしてきたことは、次の1行に集約されます。

数学コトバがあなたの人生を変える。

最後に、この1行の主張が正しいことを数学的に証明してみます。そんな大袈裟なものではありません。ここまでお伝えしてきたことを数学コトバを使って整理するだけです。

【第1章の内容の証明】

数学コトバを使いましょう

⬅ **なぜなら**

・ものごとの構造を把握する能力が飛躍的に高まる
・1％の矛盾もなく論証する技術が身につく
・わかりやすく簡潔な説明ができるようになる
⬅ **すなわち**
人生の勝負どころで「うまくいく」
⬅ **言い換えると**
あなたの人生が「うまくいく」
⬅ **つまり**
数学コトバはあなたの人生を変える

以上証明終わり、です。

「考え方」の次は「伝え方」を変えよう

この先の流れを簡単に説明しておきます。もちろん、ここまで説明した次の3つのスキルアップを目指すことになります。

・ものごとの構造を把握する能力が飛躍的に高まる
・1%の矛盾もなく論証する技術が身につく
・わかりやすく簡潔な説明ができるようになる

第2章では、「わかりやすく簡潔な説明ができる」をテーマとします。

3ステップの説明からすれば、このテーマが最後だと思われるかもしれません。しかし、この3つの中でもっとも私たちにとって身近な行為は「説明する」ではないでしょうか。さらに身近な概念に変換するなら、「伝える」です。

加えて、「伝える」という行為はアウトプットが口から出てきます。あなたはそれを耳で確認することもできるでしょう。つまりこのテーマがもっとも、変化を実感しやすいのです。ゆえに構造把握、論証といったテーマよりも先に、「伝える」を第2章のテーマにすることにします。

続いて第3章では、「ものごとの構造を把握する能力の高め方」に進みます。

さらに第4章では、「1%の矛盾もなく論証する技術」を学びます。

まずは数学を使って、あなたの伝え方を変えましょう。

あの日、あの時、あの場所で、
もしも数学を使っていたら、
きっと違っていたでしょう。

chapter 2

できる人は「数学コトバ」で伝えている

1 簡潔に伝えられない「会話の犯罪者」

学生時代とは真逆のことをしなさい

数学を使ってあなたの「伝え方」を変える。これが本章のテーマです。

妙な話です。たぶん学生時代のあなたは数学の授業中、じっと黙っていたはずですから。数学の勉強は、学ぶ側がひと言も口から発しなくても成立していました。

しかし大人になったいま、数学を学び直すのなら、まずするべきことは口からコトバを発することです。

つまり学生時代とは逆のことをするのです。

なぜ逆のことを推奨するのか。こう考えるからです。

それまでしていたこととは逆の行為をしたとき、何かを発見したり成長したりする可能性が高い。

たとえばずっとプレイヤーだったビジネスパーソンがマネジメントを体験する。「自分でやる」と「自分ではやらない」は真逆ですが、マネジメントを体験することで、まったく新しい視点や気づきがもたらされるものです。少なくとも私はサラリーマン時代にそんな体験をしました。慣れるまでは違和感との闘いでしたが。

あるいは、スマートフォンやパソコンを使うことが当たり前になっている現代に、一度も使わない日を設けるのも逆の行為でしょう。じっくり考える時間、読書する時間、ジョギングする時間……さまざまなことが始められると思います。「忙しくて時間がない」なんてせりふがウソであることに気づくかもしれません。

いかがでしょう。「逆のことをしなさい」という提案に、興味を持っていただけたでしょうか。

では、本章の内容を実践すると、あなたの伝え方はどう変わるのか？

答えは次の1行です。

優れた数学教師と同じ伝え方になる。

重要なのは「優れた」という点です。どうにも説明がわかりにくい教師ではなく、説明がいつもわかりやすいと言われる数学教師の伝え方です。

「わかりやすい説明」とは「短文＋数学コトバ」だ！

これだけではどう変わるのかイメージできないでしょう。そこで、本章では具体的なふたつのポイントに分解して説明します。

①短文で伝える
②少しだけ「間《ま》」をとって伝える

まずは①に関して事例で説明します。次の文章を読んでみてください。

「来週の会議は重要な意思決定をする場だ。月に1回しか開かれないし、役員が全員参加するし、議題も経営判断が求められるものばかりだ。特に社長は会議資料の内容や体裁に細かい指摘をするタイプなので、作成する資料にはヌケモレがないようにしておかなければならない。あ、以前に資料に不備があって社長にこっぴどく叱られたこともあったよ。絶対に不備がないよう、よろしく頼むぞ！」

おそらく中間管理職の人が部下に資料作成を命じているのでしょう。しかし、仮に言っていることがすべて正しいとしても、部下は何を言われているのかすぐにはつかめないと思われます。

要するに言いたいことは、「資料の不備はＮＧ」ということです。ならば、次のように短文と数学コトバを使って簡潔に伝えれば十分ではないでしょうか。

「来週の会議は重要な意思決定をする場だ。だから、資料に不備がないように厳重なチェックをよろしく頼む」

「来週の会議は資料に不備がないよう入念にチェックをよろしく。なぜなら、重要な意思決定をする場だからね」

このほうが相手に伝わりやすいはずです。

私は、短いことはとても重要だと考えています。もちろん、どんな話も常に短くしなければいけないわけではありません。そんな人との会話はきっとつまらないでしょう。

しかし、短く済ませるべきときにそれができないのは問題です。

たとえばパーティなどでの乾杯スピーチ。参加者の手にはグラス。全員が「乾杯!」の瞬間を心待ちにしている。そんな局面でダラダラと長く話すのは御法度《ごはっと》でしょう。

ムダに長い話は人の時間を奪う罪深き行為です。極端な表現かもしれませんが、簡潔に伝えられない人は「会話の犯罪者」なのです。

余談ですが、年配の人が「スピーチと女性のスカート丈は短いほうがいい」というジョークで笑いを誘おうとすることがあります。スカート丈についてのコメントは控えますが、スピーチについてはまったくそのとおりだと思います。

何かを伝えるということは、それを聞く誰かがいて、その人物の時間を奪っているという事実をまず認識したいものです。

2 カーナビをイメージして話そう

数学的な伝え方のお手本をまず決める

「会話の犯罪者」にならないためにまず大切なのは、「伝え方のお手本」を決めることだと考えます。周囲に「この人の話はいつもわかりやすいなあ」と思える人物がいれば、その人をお手本にするとよいでしょう。

私は実は、「カーナビ」をお手本にしています。

カーナビと数学には共通点があります。

まず、いずれも最短距離をよしとしていることです。基本的にカーナビは遠回りのルートを推奨しませんし、あなたもあえて遠回りを探したりしないでしょう。数学もっとも短く解くのが、よい解法とされます。

また、私はカーナビの「伝え方」がとても数学的であることにも気づきました。カーナビの発するコトバの特徴を思いつくままに列挙してみます。

・とにかく正確
・とても具体的
・方向を指示している
・短い

ざっとこんなところでしょうか。

優秀な数学教師の話し方は、カーナビと同じです。授業で余計なことは言いません。話が脱線したり、不要なところで不要な定理を持ち出すようなこともしません。

数学コトバは聞き手の「道しるべ」になる

たとえばカーナビが発する「100メートル先の交差点を、右折です」というフレーズ。100メートルという正確な数字。交差点という具体的な情報。右折という方向づけ。余計な情報は一切ありません。

よく考えれば当然のことです。もしカーナビが発する情報がわかりにくかったらどうなるか。事故を誘発する可能性があります。「犯罪的カーナビ」と言われても仕方ありません。

車の運転をしていると想像してみてください。

カーナビが「100メートル先の交差点を、右折です」と伝えます。あなたは、その認識で運転を続けます。すると実際に交差点が見えます。右折という指示があるので、あなたは何の迷いもなく交差点の右折レーンに車を進めるでしょう。

つまり、こう言えるのです。

事前に進行方向を教えてくれるから、スムーズにその方向に進める。

これは車の運転だけに当てはまることではありません。

実は日常の会話においても、数学コトバが聞き手に進行方向を教えてくれるのです。

あなたが「なぜなら」と言えば、聞き手は次にあなたが述べる内容が【理由】であることを瞬時に理解するでしょう。すなわち、その話の進行方向が【理由】になることを事前に知るのです。そしてそのとおり【理由】が述べられる。だからその話がスッと入ってくる。
　これが私の考える、わかりやすい話のメカニズムです。

【カーナビの伝え方】

伝える側　「この先、右折です」

↓

伝えられる側　「ああ、この先で右折するのか」

↓

伝える側　実際に交差点に差しかかり「右折です」

↓

伝えられる側　理解

【いい伝え方】

伝える側　「なぜなら」

↓

伝えられる側　「ああ、このあとに理由を述べるのか」
↓
伝える側　　　実際に理由を述べる
↓
伝えられる側　理解

私が本書の中で頻繁に使っている「たとえば」という数学コトバも同じです。このコトバが出てきた瞬間に、あなたは次の進行方向が【事例】であることを知り、そして、そのとおり【事例】が登場します。

たったひとつの数学コトバをはさむだけで、文章をスムーズに読み進めることができるのです。

3 「以上です」は大切な数学コトバ

会議で微妙な空気が流れるワケ

私は企業研修や大学の講義において、参加者に説明やプレゼンテーションを要求することがよくあります。そこで気づくのは、多くの人が「自分の話が終わった」という事実を聞き手に伝えないことです。

第1章で紹介した数学コトバには含めませんでしたが、数学では「以上です」や「証明終わり」といったコトバもよく使います。読んで字の如《ごと》く「お伝えするべきことはもうありません」という意味です。

このコトバは、聞き手に対してある方向づけをします。

「私の話を聞く時間はこれで終えましょう」という方向づけです。このコトバがなかったら、聞き手は話が終わったのか、まだ続くのかどうかを判断できません。

伝える側　「以上です」

⬅ 伝えられる側　「ああ、この話は終わったんだな」

⬅ 伝える側　実際に話を終える動作をする（黙る、着席する、など）

⬅ 伝えられる側　理解

こんな経験をしたことはありませんか。

会議などである人が発言し、発言がいったん終わります。その直後、話が完全に終わったのか、まだ続くのか、どちらだろう？　という「空気」が流れるという経験です。ほんの数秒間ですが、微妙な雰囲気になるものです。

そんな空気が流れる理由はたったひとつ。発言者が「以上です」というコトバを発しないからです。

「そんな細かいこと、どうでもいいじゃないか」と笑わないでください。私は教育現場で、必ず最後に「以上です」と言うように指導しています。

きちんとコトバで方向づけをしなさいということです。

できるコンサルの話の終え方

ここで、ある経営コンサルタントのことを思い出しました。

以前、各分野で活躍するトップランナーがディスカッションをする場に参加させていただいたことがあります。テレビなどにコメンテーターとして出演している人や、有名な著作者などもたくさんいました。

その中に、私から見てきわめて数学的に思考し、伝える経営コンサルタントの人がいました。聞けば外資系コンサルティングファームで徹底的に鍛えられたとか。数学にも大変興味があったそうです。

この人も、数学コトバをきちんと使って伝え、発言の最後には必ず「以上です」と言ってマイクを置く人物でした。この人の説明がきわめてシャープであり、かつわかりやすかったこともつけ加えておきます。

そう言えば、カーナビも最後に必ず「目的地周辺です。案内を終了します」とアナウンスしていますね。

4 駅のアナウンスは数学的か

「駆け込み乗車はおやめください」を数学的に伝えてみよう

さて、次に具体的な事例を使い、数学コトバで話の進行方向を事前に伝える練習をすることにしましょう。押さえておくべきポイントはたったのふたつです。

・基本テンプレートは「文章↓数学コトバ↓文章」
・文章はできるだけ短文で

たとえば71ページ図表3は、ある中学生向け数学の参考書にあった問題と解説内容です。「解こう」とせず、ただ流れをご覧になってください。よくご覧いただくと、右のふたつのポイントが満たされた説明であることがわかるはずです（実際にテンプレートにも当てはめてみました）。

ちなみに本章では以降、次のようにします。

数学の説明をするように伝えることを「数学的に伝える」と表現する。

ではさっそく練習してみましょう。学生時代のような数学の問題は使いません。もちろん計算する必要もありません。あくまで「数学的に伝える」練習の問題です。

【問題】

「駆け込み乗車はおやめください」を数学的に伝えてください。

いきなりこんな出題をされたら、普通は戸惑われるでしょう。しかし、本書をここまでお読みいただいたいまでは、この問題の本質が理解できると思います。

もちろん正解はひとつではありません。10人いれば、10とおりの答えがあります。重要なのはその答えではなく、伝え方の設計プロセスです。

図表3　中学参考書の解説も数学コトバ

問題

Xの変域が1≦X≦4のとき、
1次関数 Y＝－2X＋5のグラフをかけ。

↓

解説

この1次関数のグラフは切片が5、傾きが－2である。また、Xの変域1≦X≦4より、X＝1のとき Y＝3、X＝4のとき Y＝－3である。ゆえに、求めるグラフは2点（1、3）と（4、－3）を結ぶ線分になる。

↓

解説をテンプレート表現してみると

この1次関数のグラフは切片が5、傾きが－2である。

↓ また

Xの変域1≦X≦4より、X＝1のとき Y＝3、
X＝4のとき Y＝－3である。

↓ ゆえに

求めるグラフは2点（1、3）と（4、－3）を
結ぶ線分になる。

【解答例1】

駆け込み乗車はおやめください

⬅ **なぜなら**

そのせいで電車が遅延するから

【解答例2】

駆け込み乗車はおやめください

⬅ **なぜなら**

そのせいであなたは怪我をするかもしれないから

「なぜなら」で話を方向づけし、その方向に合った文章を続けています。

では、少し問題を発展させてみます。こうです。

【問題】

「駆け込み乗車はおやめください」を数学的に伝えてください。

ただし、「影響が大きい」という表現を必ず使ってください。

条件がひとつ加わりました。制限が加わったわけです。あなたがビジネスシーンで「わかりやすく伝える」ことを必要とする局面でも、条件や制限がゼロなんてことはないでしょう。

条件や制限が加わっても、文章をやたら長くしたり、余計な言葉を使ってはいけません。方向づけし、そこに短い文章を当てはめていく。基本テンプレートと最短の文章という原則を徹底すること。そして実際に口に出して話してみてください。

【解答例1】

駆け込み乗車はおやめください

⬅ **なぜなら**

そのせいで電車が遅延するから

⬅ **仮に**

その電車が5分遅延すると、乗客全員の5分が奪われる

← **さらに**
それが通勤時間帯だとしたら、その影響は社会的にとても大きい
← **ゆえに**
駆け込み乗車はおやめください

【解答例2】
駆け込み乗車はおやめください
← **なぜなら**
そのせいであなたは怪我をするかもしれないから
← **仮に**
そのせいであなたが全治1週間の怪我をしたとする
← **さらに**
あなたは優れたビジネスパーソンだとすると、その影響は社会的にとても大きい
← **ゆえに**
駆け込み乗車はおやめください

5 数学コトバの前後に1秒の「間」をつくる

マシンガントークは迷惑なだけ

さらに実践的な話に入ります。実は、意識するだけで、伝える内容が劇的に「わかりやすい」という評価に変わるポイントがあります。もちろん私も普段から実践していることです。

それが、本章の冒頭にご紹介したもののふたつ目です。

・少しだけ「間《ま》」をとる

「少しだけ」では人によって解釈が異なってしまいますから、具体的に「1秒」としましょう。ただし、厳密に1秒間というより、イメージで理解してください。

たとえばテレビ番組でおなじみのジャーナリスト・池上彰《いけがみあきら》氏の解説です。どんな伝え方をしているでしょうか。非常に論理的かつ短い文章で伝えているのに加え、適度に「間」をとってゆっくり伝えているのではないでしょうか。

あなたの周囲には、早口で話が長いうえに論理性がなく、何を言いたいのかわからない人がいると思います。本人はマシンガントークと自称しているが、周囲からは煙たがられているタイプです。

そんな人と比べるにつけ、池上氏の伝え方はなんとわかりやすいのかと感嘆するに違いありません。池上氏の伝え方のポイントのひとつが、「間」なのです。

演説がうまい小泉進次郎氏の伝え方は数学的

話の「間」はどのようにとればよいのでしょう。次のような意識を持つとよいと思います。

数学コトバの両脇に1秒の「間」をつくる。

もっとも実践しやすいのは、一文を話し終えたときです。本書でご紹介したフォーマットに当てはめてみましょう。

短文↓（間）↓数学コトバ↓（間）↓短文

この伝え方を実践する政治家がいます。小泉進次郎《こいずみしんじろう》氏です。個人的な好き嫌いや政策の是非ではなく、あくまで伝え方に注目してみましょう。話が上手でわかりやすいと定評がありますが、実際のところ、公の場ではどんな伝え方をしているのでしょうか。

左は2016年の参院選を控え、小泉氏がある候補者のために登壇した応援演説の一部です。ちょうどイギリスが国民投票によって欧州連合（EU）から離脱すると決めたときです。▽は、およそ1秒の「間」を表現しています。

イギリスは、▽今回EUから離脱という、▽歴史的な、▽動きがありました。▽あのときイギリスは、▽離脱をしたいと言った人たちは、▽51・9%。▽残留したいと言った人たちは、▽48・1%。▽つまり、▽2%数字が違ったら、▽ひっくり返っていたんです。

このとおり、とにかく短文を使います。必要な箇所には数学コトバが置かれています。数学コトバ自体もきわめて短い単語ですから、常に短い間隔で「間」が生まれることになるのです。

参考までに、数字で把握してみます。先ほどの4行の文字数は、句読点を除いて96文字。そして間を表す▽は11ヵ所です。ざっくり言って、9文字から10文字に1度は1秒の「間」があるということです。

小泉氏が専門的なトレーニングをしているか否かは定かではありませんが、少なくとも、非常に数学的でわかりやすい伝え方だと思います。

「間」をつくって相手を待つ——イメージは夫婦のジョギング

話には「間」があったほうがいい。誰しもわかっていることです。しかし、「間」をとれと漠然と言われてもどうしていいかわからないものです。

そこで、ルールをつくりましょう。次ページのようなわかりやすいルールがあれば、格段に実践しやすくなります。

・短文にし、話し終えるごとに間をとる
・数学コトバを使ったら間をとる

私は「伝える」という行為は夫婦のジョギングと同じだと思っています。会話には話し手（夫とします）と聞き手（妻とします）がいます。ふたりは並んでジョギングをしています。もし、健脚の夫が自分のペースで走ったら、妻はついていくのがやっとになります。最終的には走ること自体がイヤになってしまうかもしれません。まさにマシンガントークを聞かされているときと同じです。

しかし、夫がちょっと先に進んだらペースを緩め、妻を待ってあげるようにしたらどうでしょう。妻は安心してずっと一緒に走ることができます。

言うまでもなく、聞き手を待つ行為が「間」をとることです。ちょっと離れたらすぐペースを緩めて合わせるのが夫婦のジョギングのコツ。話も同じです。私がこの章で再三、短いことは重要だと申し上げる理由はここにあるのです。

夫婦のジョギングを意識して、1秒の「間」をつくる感覚を身につけてください。

学生は黙って数学をする。
ビジネスパーソンは
話すことで数学を使う。

6 数学コトバを省くのもテクニック

「短く話す」のも数学のルール

これまで述べたことと矛盾するような提案をします。

数学コトバ自体は、できるだけ口から発しないでください。

数学コトバがきわめて重要であることに変わりはありません。しかし、必要最小限のコトバだけ残して、あとは口から発しないようにすることも同じように大切なのです。

どういうことでしょうか。

先ほどの小泉進次郎氏の演説内容を使って説明しましょう。

イギリスは、▽今回EUから離脱という、▽歴史的な、▽動きがありました。▽

あのときイギリスは、▽離脱をしたいと言った人たちは、▽51・9%。▽残留したいと言った人たちは、▽48・1%。▽つまり、▽2%数字が違ったら、▽ひっくり返っていたんです。

実は、本来は数学コトバを使っていいにもかかわらず、実際は使わなかった箇所があります。「51・9%」という数字のあとです。

「▽51・9%。▽残留したいと言った人たちは、▽48・1%」

【対立】の機能に当たる「一方で」という数学コトバが抜けています。

「▽51・9%。▽一方で、▽残留したいと言った人たちは、▽48・1%」

こうなるのが普通でしょう。

小泉氏が「一方で」を使わなかったのは、いったいなぜだと思いますか。たまたま抜けただけ？　そうかもしれません。しかし、私はこう考えます。

「離脱をしたいと言った人たちは、51・9％」と言えば、普通の教養を持つ聴衆なら、次は「離脱はノーだと言った人」の話になると容易に想像できるからだと。数学コトバを発しなくても話の「進行方向」が予測できる。だとすれば、「一方で」などという数学コトバをあえて使う必要はありません。

余計なことは言わず、とにかく短く、という「数学的に話す」ルールに従ったほうがいいのです。

「数学的に話す＝数学コトバで話す」ではない

そう考えると、「48・1％」のあとの「つまり」という数学コトバも、省略してよかったかもしれません。ふたつの数字と前後の文脈から、このあとは「たった2％の差」に言及するだろうと容易に想像ができるからです。

おそらく小泉氏は、数学コトバを口にする、しないを天性の勘や話の流れ、聴衆の反応などでとっさに選んでいたのだと思います。

演説のこの部分だけを取り上げても、数学的に整理された内容であれば、あえて数学コトバを使わなくてもいいことがわかります。しっかりと1秒の「間」をとることで、聞き手に話の進行方向をさし示すことができるからです。

数学コトバは「数学的に伝える」ためにはきわめて重要な役割を果たす。だが、その数学コトバ自体を口に出すかどうかは別問題。

あまり頻繁に数学コトバを使うと、「くどい」「理屈っぽい」印象を与える恐れもあります。１秒の「間」にして伝えたほうが聞きやすく、わかりやすい伝え方になることも意識しましょう。

ゴールはあくまで「数学的に話す」ことであり、「数学コトバを話す」ことではないのです。

7 一流の人はどう数学的に伝えているか

堀江貴文氏の大学卒業式でのスピーチ

数学的に伝えている事例を引き続きご紹介します。

ビジネスの世界で結果を出してきた人たちは、本当に「数学的に伝える」行為をしているのでしょうか。

まずはマルチな実業家・堀江《ほりえ》貴文《たかふみ》氏です。

2015年3月の近畿大学の卒業式における堀江氏のスピーチは、当時、話題になったと記憶しています。グローバル化とは何なのか、これからの時代はどう生きていくことが重要なのか、といったことを熱意を込めて語っていました。次はその一部です。内容の賛否ではなく、あくまで伝え方という視点から見てください。


人間なんて、5年先の未来でさえも予測できません。僕だって予測できません。

いまから10年前に、みんながスマートフォンを持って、歩きスマホとかしながらツイッターとかラインをしている姿を想像できましたか？　できなかったでしょう？

僕もできませんでした。

だから、未来のことなんて考える意味なんてない。そして、過去を悔やんでいる暇なんて、みなさんにはないはずだ。なぜなら、これからグローバル化で競争激化して（あっという間に世の中は変わっていく＝著者注）、そして、未来には楽しいことしかないと思います。それはどうやったら楽しくできるか。それはいまを一生懸命生きることです。

全体的に短文を多用し、しばしば「間」をつくって話をしていました。学生に向けたスピーチのため、わかりやすい伝え方を意識したからではないでしょうか。

引用した部分で堀江氏が伝えたいことは明らかに後半です。その重要な局面で使われているのが数学コトバです。ちゃんと伝えたい。わかってほしい。そんな思いが、話の進行方向を伝える「数学コトバ」になったという解釈は、少々強引でしょうか。

私には、この堀江氏のスピーチが、数学コトバを使って人生の進行方向まで伝えているように思えたのですが。

元数学講師・林修氏の話し方

続いて東進ハイスクールの現代文講師である林修《はやしおさむ》氏。

実は林氏はもともと数学を教えていたそうです。テレビなどのメディア露出の場でも数学の重要性を説いており、そのメッセージは数学を専門とする私よりずっと影響力があるようです。次は、なぜ林氏が予備校講師になったのかを語ったテレビドキュメンタリー番組での発言です。

やっぱりやりたい仕事ではなかったですね。(なぜなら) 同級生がみんな官僚とかね、医者だとか弁護士とかでね、特にバブルの時代でね、国際的に派手に活躍しているときに、僕もそれをやろうとして、ことごとく失敗したんですよ。(だから) 僕はね、官僚として出世している連中と自分を比較したときに、彼らのような粘り強さがない。(一方で) キレはあるかもしれないけど、あの粘り強さは僕にはないですね。(だから) そういうところで勝負したら負けるんですよ。

「短文↓数学コトバ↓短文」という原則どおりに話しています。文脈上は数学コトバを使うべき箇所が4ヵ所あります。しかし、林氏は数学コトバを使いませんでした。そのかわり、1秒以上の「間」をつくって話しています。

伝える内容を構築するために、**考えるときは数学コトバを使う。だが、実際に伝えるときには不要なコトバは発しない。**

きわめて数学的な伝え方です。数学的な人物である林氏ですから、伝え方も数学的なのは当然なのかもしれませんが。

数学的に伝えるのがいいのは、聞き手にきわめてわかりやすくなるからです。そして実際、多くの成功者も伝えるべき局面でそれを実践していることがわかりました。

そこでここからは応用編です。「伝える」行為を、数学的なフィルターを通してさらに深めてみることにします。実は、会話やプレゼンが劇的に「わかりやすい」という評価に変わるもうひとつのポイントが、伝える前の準備にあるのです。

8 一流の人はプレゼン資料をどうつくっているか

準備が数学的なら伝え方も数学的になる

プロサッカー選手の本田圭佑《ほんだけいすけ》選手のインタビューをテレビで見ていたときのことです。聞き手とこんな会話をしていました。

「試合でよいパフォーマンスをするためにもっとも重要なことは？」

「準備です。僕は**準備がすべて**だと思っています」

私はこれを聞いたとき、「プロポーズと同じだな」と思いました。

絶対にＯＫをもらえるプロポーズの仕方なんてありません。ＯＫをもらえるかどうかは、実はプロポーズの前にもう決まっている。これが真実ではないでしょうか。プロポーズとその前の交際期間を、サッカーの試合とその前の選手の準備だと考えれば、本田選手のせりふの意味がよくわかります。

数学的に伝える場合にも、事情はまったく同じです。

これまで、テンプレートや「間」など基本的なエッセンスをお伝えしましたが、それを生かすも殺すも、話す前の準備にかかっています。

つまり、**「数学的な伝え方」とは話しながら練習するものではなく、話をする前に練習するもの**であるということです。準備が数学的なら、伝え方も数学的になるということです。

たとえば、「滑らかに伝える」「大きな声で伝える」といったことなら、実際に話しながら練習をするのがいいのかもしれません。しかし、数学的に伝えられるかどうかは、あくまで「構成」と「使うコトバ」の問題であり、伝える前の準備にこそポイントがあるのです。

私自身のことで恐縮ですが、事例をひとつ。

サラリーマン時代、毎週月曜日の朝礼で報告事項を含めたスピーチをしていました。別に命じられたわけではなく、自ら率先して100名の前でマイクを使って話す機会をもらって（つくって）いました。

当然、前の日の夜から「明日の朝は何をしゃべろうか」と考えます。日曜の夕方には必ず、基本テンプレートを使って話す内容を設計していたものです。それはいつも、テレビでアニメ番組『サザエさん』が始まるころだったのを覚えています。その習慣は独立した現在も続き、研修やセミナーの前日には、必ず数学を使って準備をしています。

スライドや資料は、数学コトバでつなげる

このような「伝える前の準備」は、私だけがしている特別な行為ではありません。企業研修などでプレゼンテーションのスキルを指導するコンサルタントの人からも、準備の話を聞いたことがあります。

その人は、スライドや配付資料を「接続詞」でつなげてつくるのだそうです。この「接続詞」は、「数学コトバ」とほぼ同義だと考えてよいでしょう。図解すると、93ページの図表4のようになります。

たとえばスライドなら、つくった本人がスライドを流し読みして、内容が接続詞

でつなげられるかをチェックする。**つなげられる接続詞が見つからない場合は、論理破綻している**可能性を疑い、必要であればスライドを修正あるいは追加するそうです。

そして、本人が論理破綻を感じるところは、聞き手も間違いなく論理破綻を感じると語っていました。

それを聞き、私の考える「数学的に伝える」メカニズムとまったく同じであることに気づき、とても興奮したのをいまでも覚えています。

話をする前の準備の時間をぜひ、うまく使ってください。たとえば会議やプレゼンテーションで使う資料作成。資料を必要としない場合は、伝える内容を頭の中で組み立て、プレゼンテーションのイメージをする作業。

いずれの場合も、数学コトバを使って簡潔にまとめる作業です。

仮にあなたがつくったプレゼン資料が数学的につくられていれば、それを説明するあなたの伝え方も数学的なはずです。

図表4　一流のプレゼンを図解すると

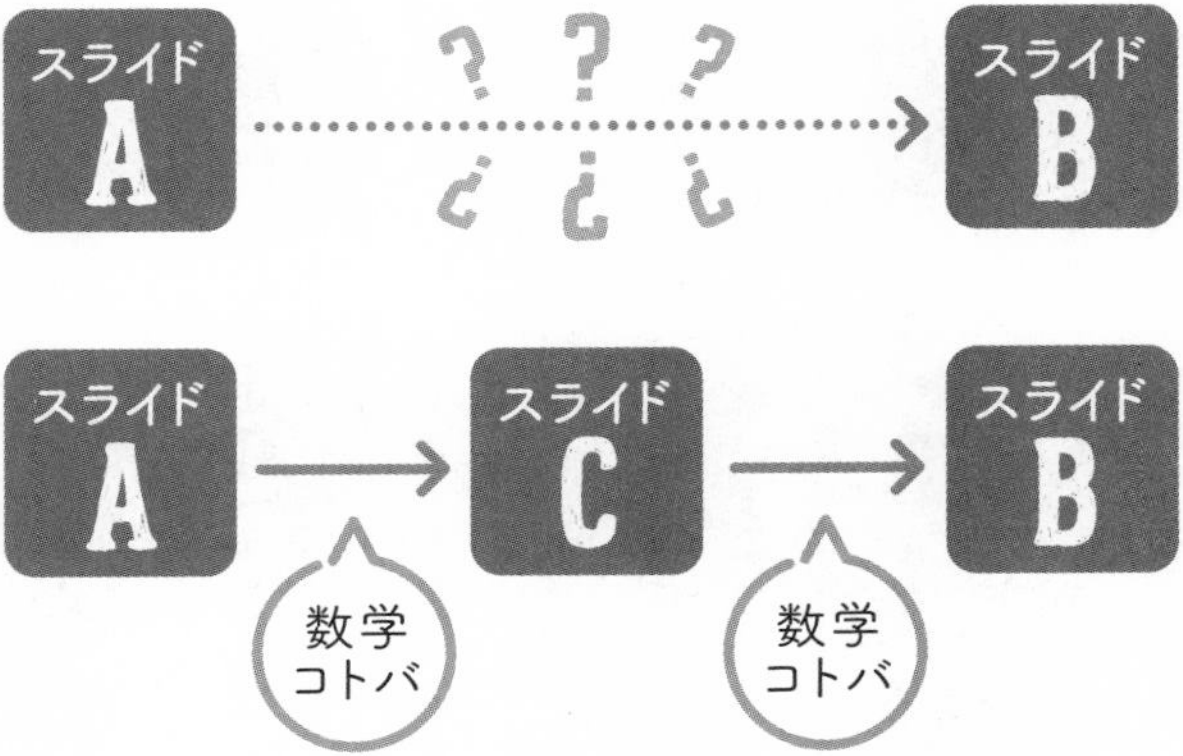

つくる資料が整理されておらずわかりにくい人は、説明もたいていわかりにくい。

つくる資料がいつも明快でわかりやすい人は、説明もたいていわかりやすい。

このことは私が言うまでもなく明らかなことであり、あなたも実感している事実ではないでしょうか。

数学ではこれを「自明である」と言います。自明と言えるほどに当然なことならば、疑う必要はありません。いますぐ実行ですね。

9 「1秒」で場の空気をつくる法

いい話はいつも「定義」から始まる

「数学的に伝える人」の代表格は言うまでもなく数学教師です。正しく数学を学び、その本質を正しく理解している優れた数学教師は、間違いなく授業でも、わかりやすく数学的に生徒に伝えているはずです。

そんな数学教師から、「伝える」をテーマに学ぶべきことがあります。

それは彼らが授業の開始1秒で行う「準備」です。優れた数学教師は、授業の冒頭に必ずこんなふうに言います。

「今日は三角形の面積を求める方法を勉強します」
「いまから連立方程式を解く方法を説明します」
「いよいよ微分積分の話に入ります。教科書の順序どおりではなく、まずは積分から説明します」

概念としては数学コトバの【定義】に当たります。「定義する」というコトバ自体は使っていませんが、授業を定義する行為から始めているのです。

今日の授業はどこに向かうのかをまず定義する、これが、数学に限らず優秀な教師が当たり前のように行う「伝える前の準備」です。

本章では、「方向づけ」というワードが時折登場しますが、授業の開始1秒で行われるこの行為も「方向づけ」です。「いまからこっちに向かいますよ」「あそこが目的地ですよ」というメッセージであり、とても数学的だと言えます。

定義を先に伝えると聞き手は安心する

たとえばあなたがスピーチを頼まれ、「高齢化社会」をテーマに話をするとします。話の内容を知っているのは、まだあなただけです。

開始前に、「いまから高齢化社会をテーマに3分間お話しさせていただきます」と言ってから話し始めるか、何も言わずにいきなり話し始めるか。

どちらが聞き手に伝わりやすいかは言うまでもないでしょう。

私自身も研修やセミナーなど人前で話をする場では、最初に話の定義をするように意識しています。

たとえばよくあるこんな例も立派な定義です。

「いまからポイントを3つお話しします」

事前に3つと伝えられた聞き手は、気持ちの準備ができます。そして、話し手のメッセージも受け止めやすくなります。話の定義が何もないと、聞き手は多かれ少なかれ不安や不快を感じるものです。

もう少し具体的な例もご紹介しましょう。


「いまからこの研修の目的とゴールを3分間でお伝えします。私がスライドを使って、講義形式でお伝えするかたちになります。椅子の位置など、見やすい体勢に自由に変えて結構です。配布資料にほぼ同じことが書かれておりますので、メモをとる必要はございません」

私は、短く懇切に研修の「空間」を定義しています。

・いまから何を話すのか
・どのくらいの時間をかけるのか
・どういう体勢で聞けばいいのか
・メモをとる必要はあるのか
・対話形式なのか、ただ聞いていればいいのか

そして、その定義どおりに空間がかたちづくられ、時が流れる。その研修は素晴らしいものになるでしょう。

手前味噌で恐縮ですが、私の研修の事後アンケートにもっとも多いのが「説明がわかりやすかった」「楽しかった」というコメントです。それは、もしかしたらこのような「開始1秒の数学的な準備」の結果なのかもしれません。

数学はコミュニケーションにおける「わかりやすさ」を生み、そして「不快」を排除するのです。

コラム

あの人も数学的に伝えている

あるテレビアナウンサーの例です。

現場からは、以上です。

某テレビ局の台風中継より

コミュニケーションには方向づけが必要です。きわめてシンプルですが、このコトバがないと、生中継というのは成立しないのかもしれません。

1

2

ミュージシャン（Mr.Children）の
桜井《さくらい》和寿《かずとし》氏の例です。

次の曲、すごい大事な人のこと、
大好きな人のこと、
頭の中に思い浮かべながら、
聴いていただきたいと思います。

ap bank fes' 10 LIVEより

ある曲を歌い始める前にヴォーカルの桜井氏が聴衆に語りかけた一節。その曲をどんな気持ちで聴けばいいのか。これから会場をどんな空気にするのか。まさに空間を定義するコトバと言ってよいでしょう。定義してから伝える。きわめて数学的です。

3

実業家の堀江貴文氏の例です。

未来を恐れず、
過去に執着せず、
今を生きろ。

2015年3月
近畿大学卒業式でのスピーチより

「未来を恐れてはいけません。一方で、過去に執着してもいけません。つまり、今をしっかり生きなさい」という意味であるが、スピーチは、このように短いほうがいい。

4

芸人の松本人志《まつもとひとし》氏の例です。

すっごい嫌いやったりするんですよ。
たとえば、金曜日は殺したろかって
いうぐらい嫌いやったりするんですよ。
でも、土曜日にはなんかちょっと、
まあまあ何かこれはこれで
ええところもあんのかなって
思ってみたり……。

NHK『プロフェッショナル 仕事の流儀』で
相方の浜田《はまだ》雅功《まさとし》氏について訊ねられて

芸人は「伝える」の達人。単に面白い話をするときと、何かをわかりやすく説明するときでは、使うコトバを変えているはずです。

chapter

3

「考える」とは「構造化」する力である

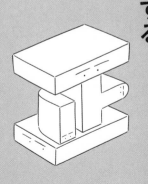

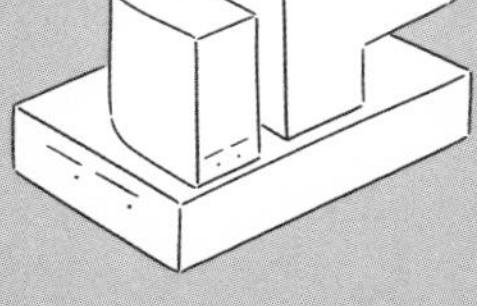

1 「考える」とは何をすることか

「考える」には2段階ある

「考えよう。答えはある。」

これは、住宅メーカー旭化成ホームズの「へーベルハウス」のテレビCMで使われていたコピーです。いいコピーだなと思いました。人は誰しも、何かしらの答えを求めて生きていくものです。正解なんてないと言われる世の中で、それでも答えを欲しています。

答えを求めて、考える。数学という学問と一緒です。

この「考える」という行為を、私は数学というフィルターを通じてこんなふうに解釈しています。

「考える」という行為には2段階ある。

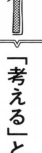

図表5　考えるという行為は2段階

問題

ある企業の男性従業員に2日、女性従業員に3日、特別休暇の取得をさせようと考えたが、すべて取得されてしまうと500日になる。もう少し日数を減らすため、男性従業員は1日、女性従業員も1日にすると200日となった。この企業の男性従業員、女性従業員はそれぞれ何名か。

↓

構造化する

ここでは中学校数学の手法で解決することにします。さて、あなたは最初に何をしますか。おそらく、男性従業員の人数をX（エックス）、女性従業員の人数をY（ワイ）とでも置いて、次のような数式を組み立てるのではないでしょうか。

$$2X + 3Y = 500$$

かつ

$$X + Y = 200$$

数学の文章問題を例にとりましょう。前ページの図表5は、問題文の内容がどんな構造をしているのかを把握し、数学という言語で表現したことを示しています。

つまり、問題を解決するために、まず問題の前提を構造化するということです。

実は、これが「考える」の第1段階です。

続いてあなたは何をするでしょうか。もちろんこの連立方程式を解くはずです。本書は計算をしないルールですので、その作業は割愛します。

この連立方程式を解く行為は最終的な結論となる（X、Y）＝（100、100）が矛盾しない正解であることを論証していく作業と言えるでしょう。

これが、「考える」の第2段階です。

あなたはどうやって買う本を選んでいるか

このような2段階の思考は、実は私たちが普段、当たり前に行っていることです。

たとえばあなたは本書を購入しようと決めたとき、どんなことを考えていたでしょうか。いわば、「本を買うかどうかという問題」を解決するにあたり、何をしたかということです。

衝動的に買ってしまったのでない限り、まずタイトルを見て、次には目次を流し読みし、さらに著者のプロフィールなどを勘案して判断したのではないでしょうか。
仮にそうだとすれば、あなたの「考える」は次のようなモデルで表現できます。

タイトルが面白そうか？
⬅ **かつ**
目次に興味あるワードがあるか？
⬅ **かつ**
著者がその分野の専門家か？

まずは外せない判断基準が3つあるという整理をし、問題の前提を構造化したから、あなたはそのような3つの行動をとったのです。これが第1段階と言えます。
「買おうかな」という気持ちになったら、続いてあなたは「買うべきだ」という正解をつくり、頭の中で論証するでしょう。本の購入を自分自身に納得させる作業と言ってもいいかもしれません。これが第2段階です。

そう言えばかつて数学は苦手だったな……

⬅ **しかし**

本当はその面白さを知りたかった……

⬅ **だから**

それを教えてくれそうな本だから買ってみよう！

いずれの段階にも数学コトバが登場してきます。おそらくあなたもこのように頭の中で数学コトバを使い、2段階を経て「考える」という行為を終えたのです。そうして、本書をレジに持っていったはずです。

「構造化↓論証」が「考える力」の仕組み！

前置きが長くなりました。第2章では、「伝える」という行為をテーマに数学の学び直しをしましたが、数学の本質は「考える」という行為にあります。そして「考える」という行為には次の2段階があるのです。

・ものごとの構造を把握する
・矛盾なく論証する

おそらくあなたは、これが第1章でお伝えしたこととリンクしていることに気づくでしょう。数学という学問も3つの行為から成り立っているのです。

ものごとの構造を把握する能力が飛躍的に高まる：第1段階の「考える」
⬅
1％の矛盾もなく論証する技術が身につく：第2段階の「考える」
⬅
わかりやすく簡潔な説明ができるようになる：「伝える」

そこで本章では、3ステップの最初である「ものごとの構造を把握する」を解説していくことにします。この章で、きっとあなたは数学の「意外な一面」を知ることになるでしょう。学生のころには気づかなかった一面に。

2 考えることは事実を丸裸にしていくこと

数学少年の「淫らな欲望」

私がかつてくるったように数学にのめり込んだ理由は、「単純に楽しかったから」「快感だったから」といったことによってでした。数学はスポーツと同じだったのです（第1章参照）。

この「楽しい」「快感」という表現を、もう少しかみ砕いてお伝えする必要があります。本章のテーマ「ものごとの構造を把握する」とは何かという答えに直結するからです。

あなたの周りにいた数学が得意だった人を思い出してみてください。夢中になって数学の問題を解いていませんでしたか。それはゲームをしているようにも見えたのではないかと思います。数学に夢中になる人の心理は、テレビゲームに夢中になる子どもの心理と同じ。問題を完全に征服し、勝った喜びを得るために解くのです。

私も、この「征服できた喜び」の魅力にとりつかれたひとりです。決して計算することが快感だったわけではありません。考える行為が好きだったわけでもありません。征服できることが快感だったのです。

暴かれてなるものかとガードを固める出題者に対し、出された問題の本質を暴き、丸裸の状態にする。そして、出題者が本当はたどり着いてほしいけれど、同時にたどり着いてほしくない「問題の正体」を暴きだす。

数学の問題を解くのは、まさにこのような快感でした。

数学者はヘンタイである

この感覚は、少々「オトナ」な喩《たと》えでこう表現できます。

数学とは、実はエロティックな学問だと。

問題の構造を把握するとは、問題を丸裸にしていく作業です。最初は着ている相手の服を1枚ずつ脱がしていくイメージです。丸裸にできたということは、相手を完全に征服したことと同義。その快感が病みつきになり、もっと別の問題も丸裸にし、征服したい願望にかられる。これが数学を好きになる人の思考回路だと思います。もちろん、中学生や高校生はそんなことを意識したりはしませんが。

前項で文章題から方程式をつくりましたが、あの連立方程式が、長々とした文章題の正体です。私にはあの方程式が、服を1枚も着ていない丸裸の状態に見えます。私は学生時代、いったいいくつの問題を裸にし、征服したことか。数学に夢中になった人は、私と同じように、実はちょっとエロティックなのだと思います。

私はよく、リスペクトを込めて「数学者はヘンタイです」と申し上げることがあります。大学・大学院と数学を専攻し、修士号を取得した私も、大学教授などの数学者の情熱には圧倒されるからです。

彼らの重要な仕事のひとつは数学分野の未解決問題にアタックしたり、まだ実現できていない一般社会への応用を実現することですが、そのモチベーションはやはり強烈な征服欲にあります。ずっと隠されていたものが少しずつ見え始め、完全に露呈するその瞬間を体験したいのです。

あなたがいまから数学に夢中になれるとしたら、「何かを丸裸にする」練習をすることです。それが構造化する能力を鍛えることになり、数学の学び直しにもなります。数学者とは別次元ですが、していることの本質は同じです。

さあ、「構造化」についての具体的な説明を始めましょう。

3 「同じ構造のものは何か」を考える

神奈川県と埼玉県の違いをグラフ理論で説明する

まずは数学コトバにあるように、「定義する」ことから始めたいと思います。
構造化とは、次のふたつを明確にすることです。

・どこに何があるか
・それらの関係性は

決して難しいことではありません。たとえば東海道新幹線の「東京駅・名古屋駅・新大阪駅」を構造化してみましょう。どこに何駅があるか、それらの関係性はどうなっているかを明確にします。

たとえば、113ページ図表6のように、もっとも東にあるのが東京駅、もっとも西が新大阪駅、中間地点が名古屋駅となりますが、このような整理も立派な構造化です。

あるいは関東地方の地図を思い浮かべてみてください。地図も立派な構造化された状態ですが、1都6県を少し数学的な表現で構造化してみます。すなわち、隣接しているものは線で結んでみます（左ページ図表7）。

どこに何があり、それぞれの関係性がどうなっているか、一目瞭然となります。

ご覧のとおり、関東地方は五角形に近いかたちで、神奈川県だけが五角形から飛び出たような構造とも言えますね。

人間のタイプに喩えるなら、埼玉県はできるだけ多くの人とつながっていたいと考えるタイプ。神奈川県は最低限の人脈で十分と考えるタイプかもしれません。それぞれの個性まで見えてくるような気がします。

なぜ優先順位はソフトクリームと同じなのか

重要なのはここからです。いま私は関東地方を構造化し、どこに何があり、それらの関係性がどうなっているかを把握しました。そしてそこから埼玉県と神奈川県を「人脈に対する考え方」に喩えました。

図表6　新幹線の3駅を構造化してみたら

図表7　関東地方も構造化できる

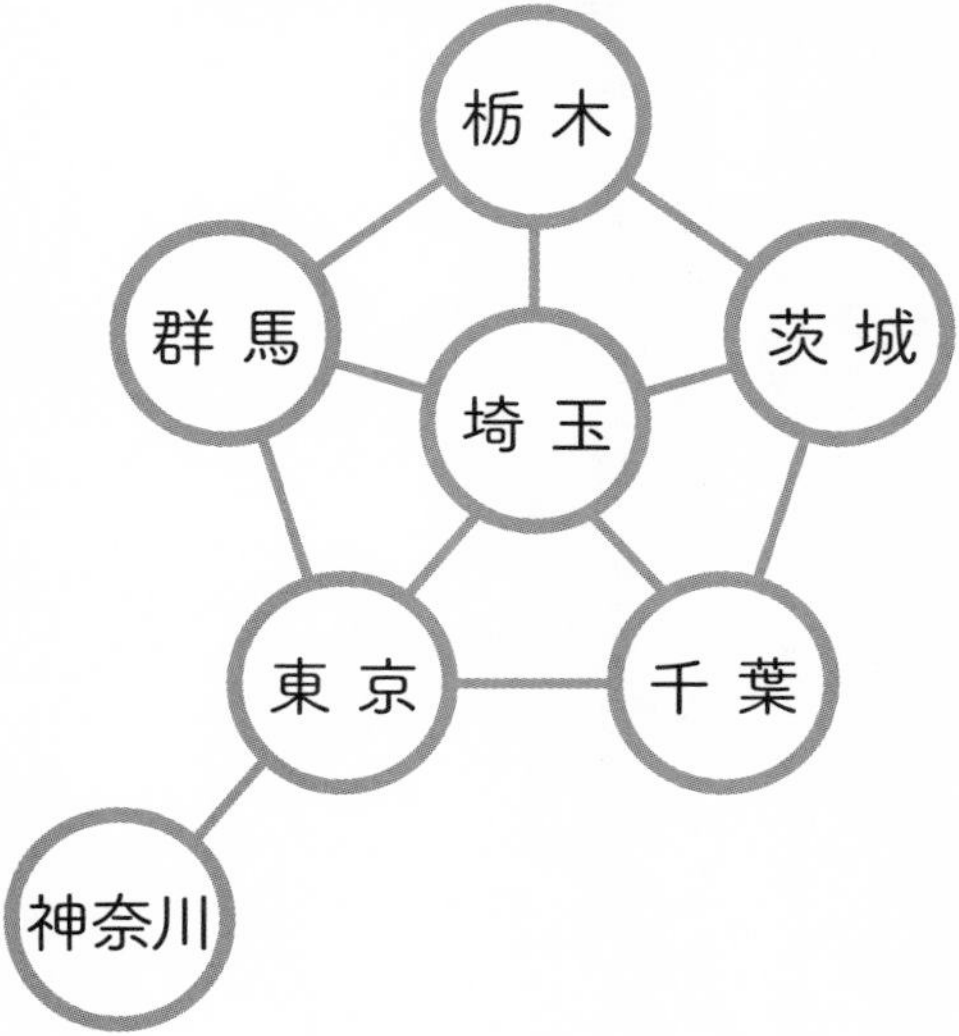

構造化の目的はもちろん数学の問題を解決するためです。しかし、人生やビジネスにどう活きるのかという視点で言えば、次のリテラシーを高めるために役立つというのが結論です。

・整理する能力

・喩える能力

たとえばビジネスにおける優先順位は、ソフトクリームと同じ構造をしています（左ページ図表8）。ソフトクリームは急いで食べないと溶けてしまう重要なアイスクリームの部分と、脇役のコーンの部分とで構成されています。まさか、コーンのほうを先に食べ始める人はいないでしょう。重要度が高く、かつ緊急性の高いものから先に……という点では、ビジネスもソフトクリームも同じです。

もしあなたが新人に仕事の優先順位を教える立場なら、「あなたはソフトクリームをどこから食べ始める？」という問いだけで十分かもしれません。

ここからいくつかのテーマを通じてものごとを整理し、同じ構造のものを探す練

図表8　ソフトクリームを食べる優先順位

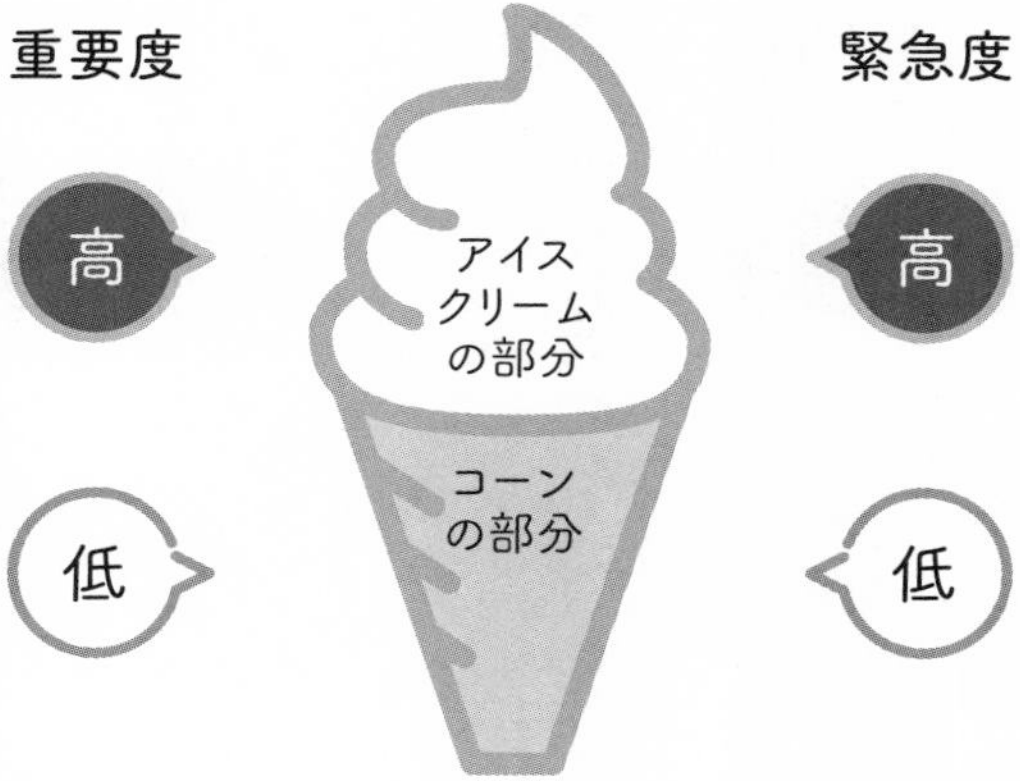

習をしていきたいと思います。

余談ですが、あなたは「4色問題」をご存じでしょうか。「4色問題」とは、どんな地図も必ず4色あれば、隣同士が同じ色になることなく塗り分けられるという仮説を言います。数学がこの仮説が正しいことを証明しました。

数学には、「グラフ理論」と呼ばれる分野があります。点や線で表現したものをグラフと定義して、その構造や性質を研究します。先ほどの関東地方の例は、まさにグラフ理論そのものです。かつて数学者は、地図というものの構造を数学的に把握することで難題を見事に解決させました。

4 足し算を構造化してみる

足し算はレバニラ炒めである

さっそくですが、次の問題を考えてみてください。できれば3分間くらいは自分で考えてみてほしいと思います。

【問題】

「足し算」を別のものに喩えてください。

「足し算は足し算でしかない」なんて答えもあるかもしれませんが、そう結論を急がずに、じっくり考えてみましょう。さて、あなたの答えは？

私なら、まず足し算とはどんな構造をしているのかを整理してみます。基本は「どこに何があるか」「それらの関係性は」のふたつですから、たとえば視覚化してみるのも思考を進めるひとつの方法でしょう。私は左ページ図表9のように、黒と

図表9　足し算を視覚化すると

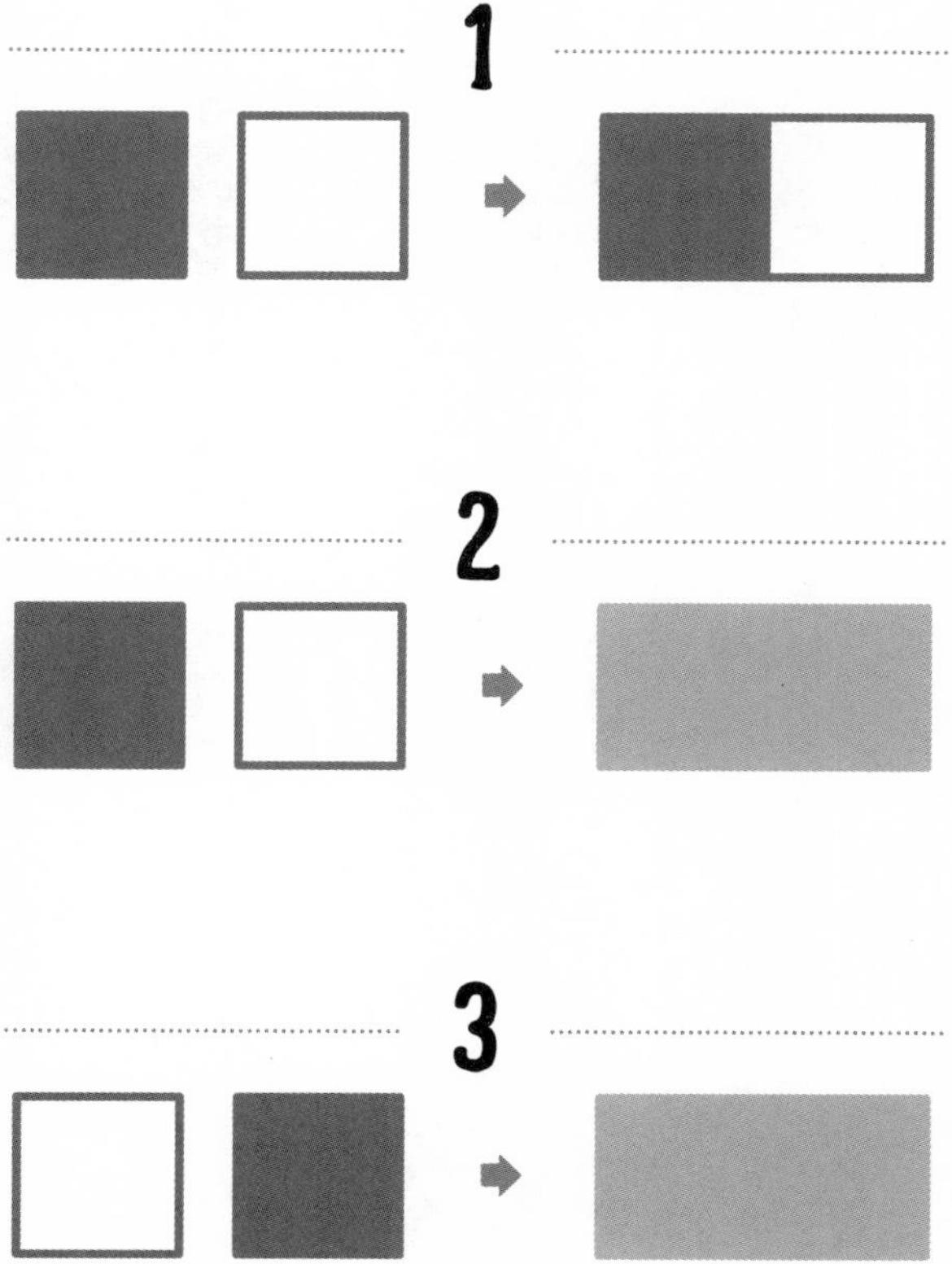

白とグレーの正方形、長方形を使って「足し算の構造」を把握してみました。

結論として、こう定義してさしつかえないと考えます。


「足し算」は複数のものをまとめる行為である。


前ページ図表9の**1**のようなキッチリした境界線があるわけではなく、まとめたものは完全に混ざった状態です。ですから、**2**と**3**は色がグレーになっています。

また、**2**と**3**に見られるように、私は「位置を入れ替えても同じ結論になる」という足し算の性質にも注目したいと思います。

以上を整理すれば、次のふたつが足し算の正体であり、足し算を丸裸の状態にしたものです。

- **複数のものをまとめ、完全に混ぜた状態にする行為**
- **さらに、位置を入れ替えても同じ結論になるもの**

図表10　レバ＋ニラ＝ニラ＋レバである

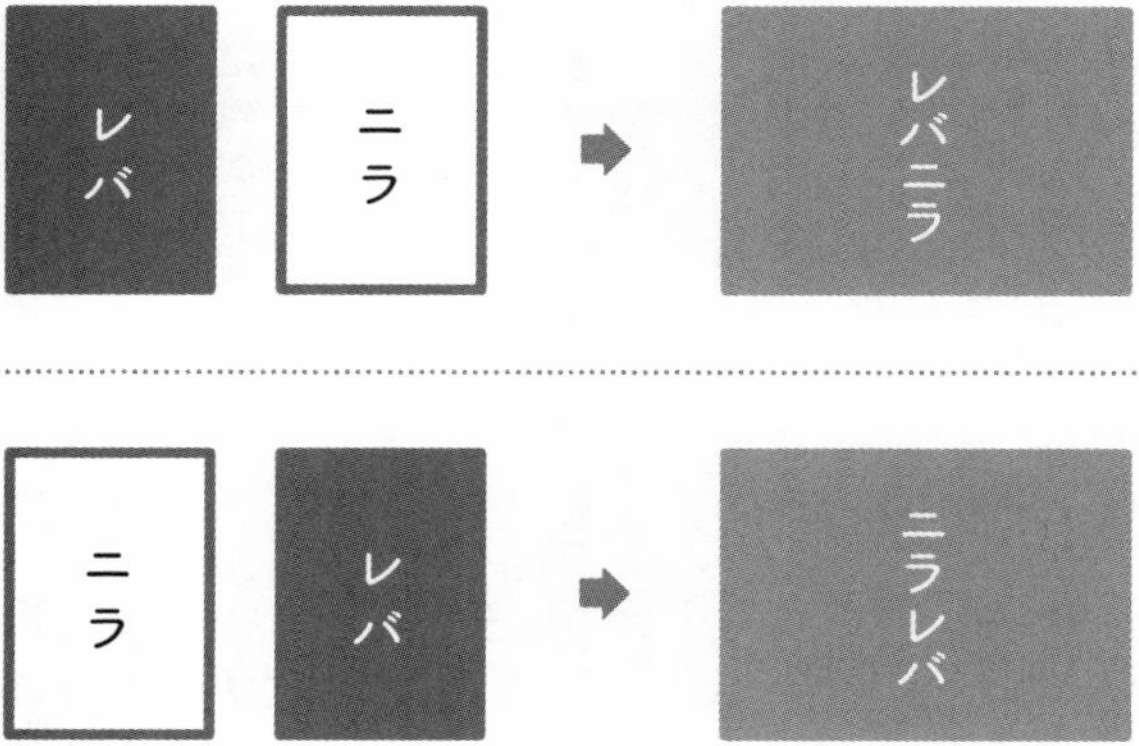

そこで考えます。この条件を満たすまったく別のものは何だろうと。

決して空腹なのではありませんが、思い浮かんだのは中華料理の定番でもあるレバニラ炒めでした。「レバニラ」と呼ぶ店もあれば、「ニラレバ」とメニューに書いている店もあります。

両者は同じものであると定義すれば、上の図表10のようにこの表現はまさに足し算と同じ構造をしていると言えます。

整理して別のものに喩えるとはこういうことです。次項から、現実によくある事例を使い、構造化の練習をしていきます。

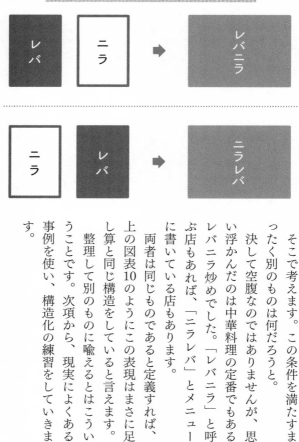

5 正論らしい意見を、数学的に論破する

就活生の「よくある志望理由」は通用するか

ある企業（A社としておきます）で人事担当をしている友人から聞いた話です。就職活動をする学生、いわゆる就活生の志望理由に、こんなものがあるそうです。

「愛着があるので、地元で働きたい」

A社の所在地が出身地の学生なのでしょうか。志望理由のひとつとして成立しそうな気もしますが、あなたはどう思われますか。

さっそく、この志望理由の構造化にトライしてみましょう。

「地元に愛着がある」の愛着とは、シンプルに言えば好きということでしょう。したがって、この志望理由は、数学コトバを使ってこう整理することができそうです。

「地元」が好きだ
⬅ **ゆえに**
「地元」で働きたい

この学生の志望理由が本当にこの構造だとするならば、このフレームに当てはまる内容（つまり同じ構造をしている内容）も志望理由になることになります。

たとえば、この学生が旅行好きで沖縄ファンだとしたら、沖縄で働きたいはずです。あるいは東京ディズニーリゾートが大好きだとしたらそこで働きたいでしょう。

「沖縄」が好きだ
⬅ **ゆえに**
「沖縄」で働きたい

「東京ディズニーリゾート」が好きだ
⬅ **ゆえに**

「東京ディズニーリゾート」で働きたい

つまり、「愛着があるので、地元で働きたい」という志望理由は、A社はもとより、地元で働きたい理由にすらなっていないのです。

理屈っぽいくらいでちょうどいい

プロポーズに喩えるなら、「ボクと結婚してください。あなたは私が大好きな沖縄県に住んでいるから」と言っているようなもの。どうしても地元で働きたいのなら、「両親のためにも、実家の近くに拠点を構えて社会人として人生を歩みたい」と説明するほうが、まだ説得力があると思います。

もし私が人事部の採用担当者なら、このようなロジックを説明し、「あなたのその志望理由では納得できません」と伝えるでしょう。

理屈っぽい？　そうかもしれません。ですが、このような思考ができない採用担当者は、学生の発言の本質を見抜けないこともまた事実ではないでしょうか。

このように数学は採用面接でも使われているのです。

6 「数学的」とは「思考が柔らかい」こと

山手線をめぐる、ある銀行会長の妙な面接質問

採用の話を別の角度からもうひとつ。
数年前、私は新聞で興味深い記事を読みました。ある銀行の会長が、採用面接で突然このような質問をしたというのです。

「ところで、山手線の外回りと内回りは距離にしてどのくらい違うと思う？」

銀行の実務に役立つ知識ではないように思えます。会長はいったいなぜこのような質問をしたのでしょう。ＪＲではなく銀行の面接なので、鉄道の知識を求めているのではないことは「自明」でしょう。

私がこの記事に興味を持ったのは、会長は志望者の「構造化する能力」を測りたかったのではないかと考えたからです。違うかもしれません。しかし、私にはそう

思えてならないのです。

もし私が質問をされた側だったら、次のように考えるでしょう。

まずは山手線という対象の構造を把握します。くどいようですが、どこに何があるのか、それらの関係性はどうかが必要な視点です。

・山手線は環状線ゆえ、ざっくり言えば大きな円がふたつある
・「外回り」という円は、「内回り」という円よりも少し大きい

イメージしやすいよう、左ページの図表11のようにこの2つを視覚化しました。

山手線はシンプルに考えればこのような構造をしているのです。

外回りと内回りの長さの違いは、直径（半径の2倍）の長さの差が大きく関与することに気づいていただけるでしょう。いままさに、山手線が丸裸になった状態です。

山手線を利用したことがある人なら、隣り合う外回りと内回りのレールのあいだはせいぜい5～10メートル程度であることを知っていると思います。

図表11　山手線の外回りと内回りの距離は？

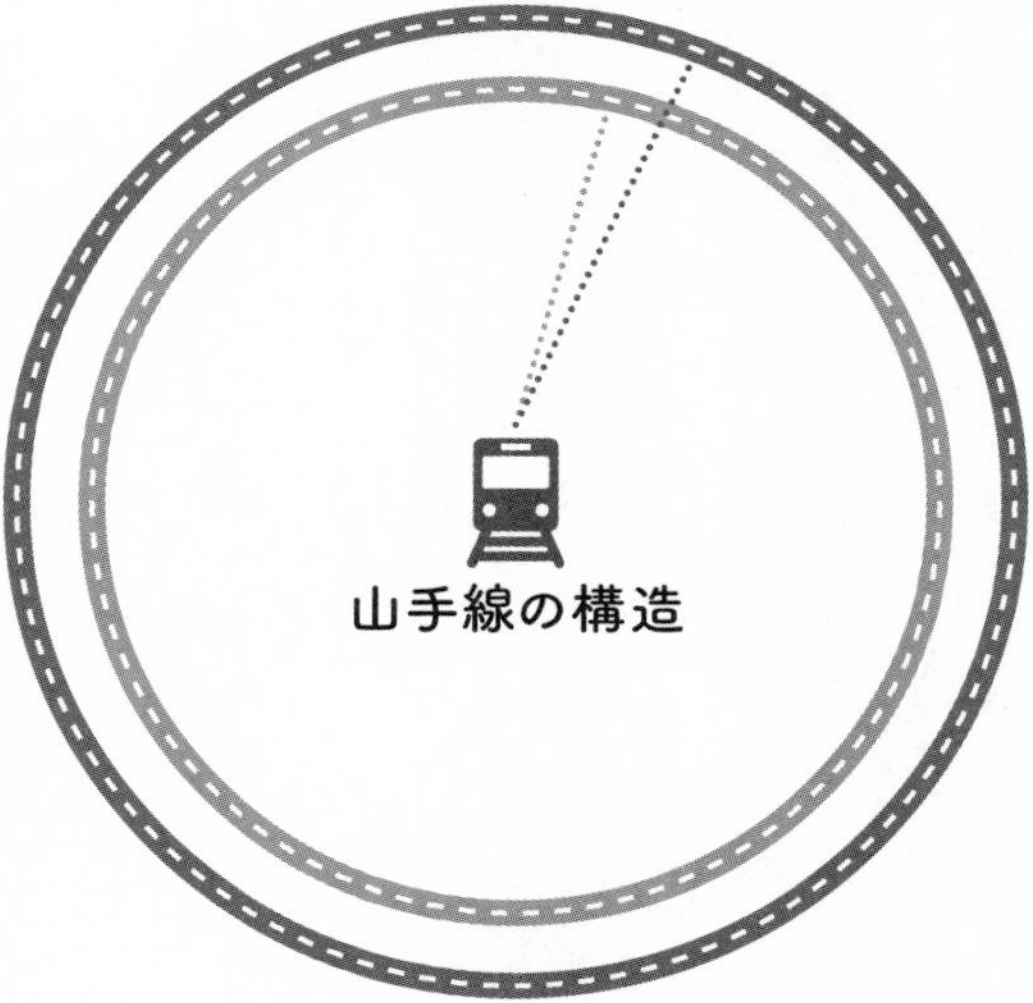

大きな円周の長さ＝大きな半径 × 2 × 円周率

かつ

小さな円周の長さ＝小さな半径 × 2 × 円周率

すなわち

2つの円周の長さの差＝
（大きな半径－小さな半径）× 2 × 円周率

直径はその2倍になりますから、円周率をおよそ「3」とすれば、「せいぜい数十メートルの差である」と答えることが可能でしょう（本質的ではない細かい計算はせず、正確を追うことは省略します）。

数学の優等生が数学的な人物とは限らない

山手線をこのようなふたつの円に変換できる人は、おそらくビジネスの現場でも、ものごとを別のものに変換したり、何かに喩えたりして考えることができるでしょう。

思考は変換、比喩、あるいは置換によって広がったり、深まったり、また先鋭化したりします。

実際、ビジネスパーソンである私の友人は、「戦略のないビジネス」を「暗闇でボクシングをするようなもの」と喩えています。鋭い比喩です。そのように置き換えて考えられるから、真に戦略が重要だと認識できるし、本気で戦略思考を学ぼうというモチベーションが維持されるのです。

実際、その友人はとても優秀です。

企業は数学の成績がよかった人材がほしいのではありません。ほしいのはこんな人材なのです。

思考に柔らかさのある数学的な人材。

銀行の会長が山手線に関する質問をした真意は、そんなところにあるのではないかと思います。このエピソードは、私が提唱している「ビジネス数学」の重要性を示すひとつのモデルケースです。

現実にはなかなか難しいとは思いますが、学校や塾で数学を教える先生がたには、ぜひこのような数学の本質を伝える授業もしていただきたいと思います。

子どもたちが数年後、ビジネスパーソンとして羽ばたくときのために。そして輝き続けるために。

「数学ができる」ではなく、
「数学的になる」を目指す。
だって、別ものだから。

7 名探偵は数学的に仕事をする

犯罪を暴くふたつのアプローチ

ここからは具体的な人物を例にし、さらに構造化というテーマを深めていくことにします。

さっそくですが、あなたは「古畑任三郎《ふるはたにんざぶろう》」という人物をご存じでしょうか。俳優の田村正和《たむらまさかず》氏が演じたテレビドラマ『警部補・古畑任三郎』の主人公のことです。放映開始は1994年で、2006年の『ファイナル』で終わっていますから、ご存じない人が多いかもしれませんね。

このドラマは1話完結型の推理もので、田村氏が演じる警部補が推論しながら犯人を追いつめ、最終的には謎を解いてしまうものです。

推理ドラマは人気があるのでしょう。似たようなドラマがこれまでたくさん放送されてきました。2016年秋から始まったテレビドラマ『IQ246』では、俳優の織田裕二《おだゆうじ》氏が名探偵を演じていました。いずれの推理ドラマもとても数学的にできています。

いや、こうお伝えしたほうが正確かもしれません。推理ドラマの主人公は、とても数学的に仕事をしていると。

もしあなたが刑事だとして、犯人の犯罪を立証するためのアプローチは何種類あると考えますか。これは数学の問題を目の前にして正解へのアプローチが何通りあるかを考えることと同じです。

私なら、犯罪を立証するためには左ページの図表12のようにふたつのアプローチがあると考えます。ひとつは、もちろん刑事が立証する方法。もうひとつは、犯人に自ら立証してもらう方法です。

まったく別のアプローチがふたつあり、刑事はこのどちらかを選択する。どこに何があるか、それらの関係はどうなっているか。

きわめて単純ではありますが、これもまた立派な構造化です。

古畑任三郎が犯人を「落とす」数学コトバ

たとえば先述の古畑任三郎は、優れた頭脳を使って犯人を追いつめていきますが、

図表12　「犯罪の立証」を構造化する

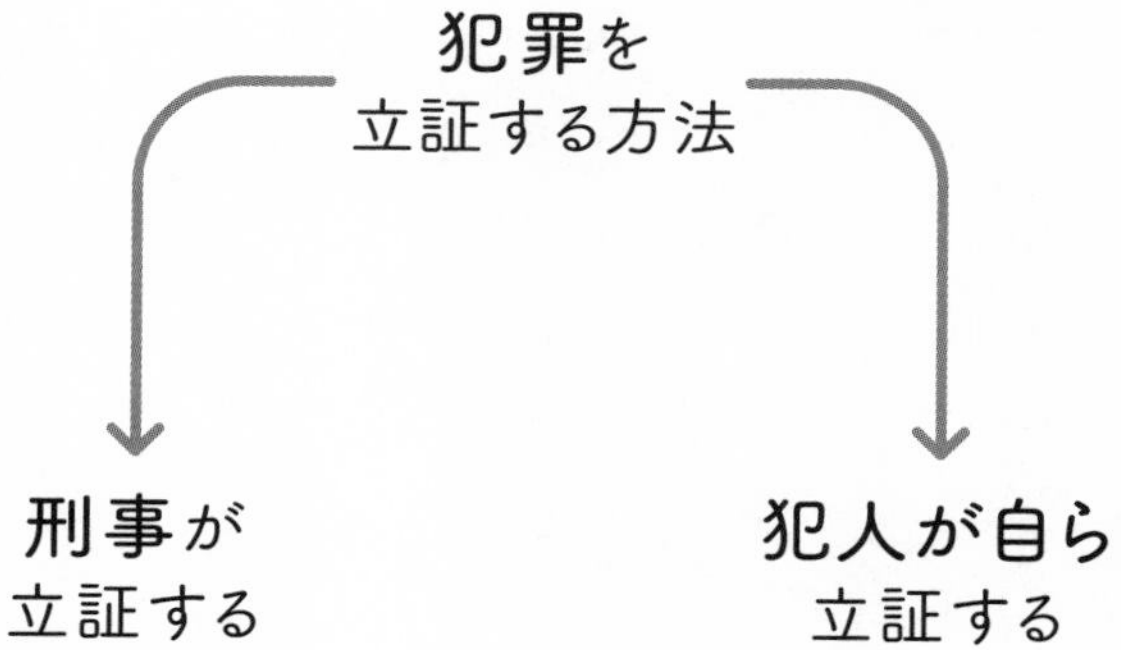

証拠を集めて立証することが難しいと判断した場合は、すぐに「犯人に自供させる」アプローチに切り替えて犯人を追いつめます。

　つまり、数学コトバを使ってこのように思考したうえで仕事をしているのです。

犯罪を立証したい

← **ゆえに**

私が立証する

← **しかし**

私では立証できそうにない

← **ゆえに**

相手に立証してもらうしかない

実際、このドラマのクライマックスシーンで犯人が自供することを決断したシーンは、必ず次のいずれかで表現されています。

・刑事が立証したケース（例：反論できないほどの証拠を提示された）
・犯人自ら立証したケース（例：犯人しか知り得ないことを口にしてしまった）

消去法も立派な思考法

たとえばある自然数Nが奇数であることをどう証明するか。

こんな問題でも、アプローチの仕方は大きく分けて2種類あります。

ひとつはもちろんNが奇数であることを示すこと。もうひとつはNが偶数でないことを示すことです。

・選択肢はふたつある
・一方がダメなら、もう一方を選ぶしかない

きわめてわかりやすい論理、いわば消去法です。

消去法と聞くと前向きな方法論ではないように感じられるかもしれません。しかし、私は決してそんなことはないと考えます。

たとえばあなたが選挙などで誰に投票するかを考えるとき、無意識に消去法で投票する政党や候補者を決めてはいないでしょうか。

実際、ドナルド・トランプ氏が勝利した2016年のアメリカ大統領選挙は、「消去法の選挙」と呼ばれました。

消去法も立派な思考法であり、私たちも重要な局面で使うものです。

その消去法を使うためにも、構造化が必要ということですね。

8 数学を使うと論理的破綻が見えてくる

現代文講師の林修氏はなぜ数学的なのか

構造化を学ぶ対象は、実在する人物のほうがさらにわかりやすいかもしれません。そこで、第2章でもご紹介した林修氏に再度登場していただくことにします。

くり返しになりますが、林氏はもともと数学を教えていた人物であり、数学を正しく学んだひとりと言っていいでしょう。「現代文と数学は頭の使い方が同じだ」と明言しています。

林氏がきわめて数学的な人物であると感じられる理由を、具体的な発言内容を使って説明していきましょう。

題材は、林氏が雑誌のダイエット特集の取材対応をしていたときの発言です。あるテレビ番組でその様子が映されていました。

かつて林氏は100キロを超える体重だったことがあるそうです。記者はそんな林氏に「原因はストレスですか？」と質問します。

それに対する林氏の答えを、要点だけ整理してお伝えします。

「ストレスで太る」のどこに嘘がある?

いつも言うんですけど、ストレスはノーカロリーなんですよ。「ストレスで太る」は間違いです。もし私がストレスを感じていたとします。サンドイッチを食べたとします。誰かがむりやり口をこじ開けて突っ込むなんてことはあり得ないですよね。自分でものごとを判断できる大人が、明確な意思を持って自ら口に入れたんです。

太ったのはストレスのせいなんて嘘。全部自己責任じゃないですか。「ストレスで太った」なんてよく聞きますが、何甘えているんだと思ってしまいますよ。

もしも太った原因がストレスであるとすると、その主張は数学コトバを使って次のように構造化することができるでしょう。

【太った原因はストレスである？】

ストレスがある

⬅ **ゆえに**

食べる

⬅ **ゆえに**

太る

⬅ **以上より**

ストレスはカロリーである

しかし、林氏が言うように、最初の矢印⬅の存在がきわめて疑わしい。ストレスがあるから食べるのではなく、食べたい欲求をコントロールできないから食べてしまう。これが真実だと思います。「全部自己責任」という少々厳しい言葉にも納得してしまいます。

ちなみにこの話は、先ほどご紹介した「就活生の志望理由」となんだか似ているとは思いませんか。数学を正しく使って論理破綻していることを見抜いたという意味では同じと言ってよいでしょう。

「デブ」を構造化してみる

同番組での林氏の発言を、もうひとつご紹介しましょう。

デブはいくつかの種類に分けられるんです。大きく分けて、「グルメデブ」と「ジャンクデブ」。

グルメデブは好奇心旺盛で、「おいしいものを食べたい」という理由で太っていく。ジャンクデブはとにかく食べるという行為が習慣化し、惰性で食べている。

ちなみに僕は完全にグルメデブです。

これもまた、構造化しているからできる説明です。お気づきかもしれませんが、先ほど犯罪の立証をテーマにしたときも、「刑事が立証する」と「犯人が自ら立証する」とに分類しましたが、まさに同じ行為です。

【食べすぎてしまう理由】

食べすぎてしまう

⬅ **なぜなら**

おいしいものを食べたい欲求が強いから

⬅ **または**

惰性で食べてしまうから

⬅ **整理すれば**

食べすぎる理由には2種類ある

林氏のふたつの発言は、まとめるとこうなります。

「ストレスは、ノーカロリー」

「デブは、グルメデブとジャンクデブの2種類ある」

スッキリ整理されていて、とてもわかりやすい表現です。なんだか「名言」みたいですね。おそらく林氏は、これらの発言をする前に頭の中で「数学」をしているのでしょう。

9 心に刺さる「名言」は構造化されている

稲盛和夫氏の「名言」は数学的にできている

京セラ創業者の稲盛和夫《いなもりかずお》氏の言葉に、このようなものがあります。

バカな奴は単純なことを複雑に考える。
普通の奴は複雑なことを複雑に考える。
賢い奴は複雑なことを単純に考える。

「バカ」という表現の是非はさておき、伝えようとしていることはしごくもっともだというのが私の感想です。実際、インターネットではこの3行を「名言」と評する記事もあります。

なぜこの3行は「名言」なのでしょう。なぜこの3行は刺さるのでしょう。なぜこの3行はわかりやすいのでしょう。

本書をここまでお読みいただいたあなたなら、答えが容易に想像つくことでしょう。もちろん「構造化されているから」です。

この3行は、要するに成果を出す人物とそうでない人物の違いを表現しています。それを整理したうえで「単純」と「複雑」というふたつの概念で喩えているのです。

さっそくこの「名言」を左ページ図表13の上図に構造化してみました。どこに何があるのか、それらの関係はどうなっているのか、何度もお伝えしている構造化の基本です。おそらく中学生でもこの図の意味は理解できるでしょう。

それだけわかりやすく整理され、わかりやすい概念で喩えているから、この名言は誰もがピンとくるのです。


ちなみにこの整理は、数学で登場する「集合問題」でも活用されます。

たとえば「サラリーマン100人に通勤手段としてJRと私鉄を利用しているか否かをリサーチした結果を整理する」といったときなども、図表13の下図のように問題の内容を整理することで要望に応えることができます。

していることは、いずれもまったく同じですね。

図表13　構造化するとわかりやすい

稲盛和夫氏の名言

	単純に考える	複雑に考える
単純なものを	普通	バカ
複雑なものを	賢い	普通

サラリーマン100人の通勤手段

	私鉄を使っている	私鉄は使っていない
JRを使っている	40	25
JRは使っていない	30	5

数学を使って「名言」をつくってみる

もうひとつ具体的な例をあげましょう。
ある日、私は読書をしていて次の言葉に出会いました。個人的にとても好きで、たまに学生にもプレゼントする言葉です。

誰もがすごい人になりたいと思っている。
でも、そのほとんどの人が普通のことしかしていない。
誰もがイチローのようになりたいと思っている。
でも、そのほとんどの人がイチローのように努力していない。
普通のことをしていたら、普通の人にしかなれません。
特別な人になりたいなら、普通の人がしないことをしなさい。

3～4行目の内容に注目してください。1～2行目と同じ構造の文章をイチロー

図表14　名言を構造化する

元選手というわかりやすい喩えで表現し直しています。

整理して別のものに喩える方法は、本書ですでにお伝えしたことです。

さらに最後の5～6行目。これもまた整理して伝えているからわかりやすいのです。上の図表14をご覧ください。先ほどの稲盛和夫氏の名言とまったく同じ構造をしていると思いませんか。

「名言」には「名言」と呼ばれるだけの理由があるのです。

あなたも誰かに「名言」を伝えるべきときがあるかもしれません。親としていとしいわが子に苦言を呈するときかもしれませんし、経営者として社員にメッセージを伝えるときかもしれません。

いずれにせよ大切なことを伝えるとき、メッセージは当然ながらわかりやすいほうがよいはず。つまりメッセージが整理され、かつ相手がピンとくる表現に変換されているかがきわめて重要だということです。

微分積分の計算ができる大人も素晴らしいですが、たくさんの名言を生み出せる大人のほうがずっとカッコイイと私は思います。

10 ビジネスを数学的に定義してみる

自分の価値観を凝縮してみよう

なぜ数学はものごとを構造化する能力を高めるのか、なぜあなたにとってそれが重要なのか、多くの事例を通じてお伝えしてきました。

本章の最後はここまでの総合演習といった位置づけで、あるテーマを考えたいと思います。

本書の読者にはビジネスパーソンが多いと想像しますが、そんな人と一緒に考えてみたいテーマです。これです。

「ビジネス」とは〇〇である。

つまり、「ビジネスとは何なのか」、あなたなりの定義をしてみてください。

間違えていただきたくないのは、言葉遊びをする練習ではないということです。

あくまで構造化する練習。整理して構造を把握し、別のものに喩える練習です。よってインスピレーションで言葉を選ぶことはしないでください（たとえば「ビジネスとはストレスである」など）。

あなたならどんなアプローチをしますか。もちろん絶対の正解はありません。ぜひ数学的かつユニークなアプローチで、「ビジネス」を定義してみてください。

できあがったその定義は、きっとビジネスパーソンとしてのあなたの価値観が凝縮された「名言」になっているはずです。

PDCAよりも大切なサイクルがある！

さっそく私もやってみます。まずは「ビジネス」というものの構造を把握しなければなりません。つまり、「ビジネス」という概念を丸裸にするということです。

私はこれまでの経験もふまえ、「ビジネス」というものを第1段階から第4段階まであるととらえてみました。どこに何があるのか、それらの関係はどうなっているか、シンプルに整理しています。

【ビジネスを構造化する】

第1段階　立ち上げる
↓
第2段階　軌道に乗せる
↓
第3段階　不要なものは排除する
↓
第4段階　第三者に仕事を振り分ける

第4段階で振り分けられた人がまたそれぞれ新しいビジネスをスタートさせ、再び第4段階へと向かう。つまり、これをサイクルとしてくり返すことがビジネスであるととらえるのです。

ビジネスでは、PDCAサイクルを回せとよく言われます。Plan（計画）、Do（実行）、Check（評価）、Act（改善）です。PDCAももちろん大切ですが、右のような4段階のサイクルが回るかどうかも大事ですよね。

ビジネスとは四則演算

次にこの4つの概念それぞれについて、何か同じ構造をしている別のものはないかと考えてみます。

第1段階はよく「ゼロからイチをつくる」などと喩えます。数学的な頭を持つ私はすぐに「これは足し算だ」と考えました。

第2段階は軌道に乗せるフェーズ。そういえば掛け算は乗法とも表現します。まさに「掛け算」です。

第3段階はうまくいかないものや本質的でない仕事は排除するフェーズ。まさに「引き算」です。

そして第4段階は自分が抱えている仕事を配分することと同義。私はこれを「まさに割り算だ」と考えました。

すなわち、私はビジネスとは足し算し、掛け算し、引き算し、割り算することだと定義します。もっとシンプルに表現できそうですね。次の1行を私の最終的な「ビジネス」の定義としたいと思います。少しはビジネス数学の教育家らしい定義になっているでしょうか。

ビジネスとは、四則演算を続けることである。

本章のポイントは「整理する→同じ構造のものに喩える」ができるようになること。これに尽きます。

私が提案したように、その練習に使える素材やテーマは日常にいくらでも転がっています。ぜひスキマ時間を使って練習してみてください。

もしそのテーマ探しも難しいと思われる人は、たとえば次のようなものでコーヒーでも片手に練習してみてはいかがでしょうか。

残業とは、〇〇〇である。
結婚とは、〇〇〇である。
読書とは、〇〇〇である。
収入とは、〇〇〇である。
人生とは、〇〇〇である。

そろそろ本章も終わりです。

すでに説明したように、数学ではこのあとに、「矛盾なく論証する」行為が必要になります。第1章でも触れた「自分ではわかっているのに説明できない症候群」などは、この行為がきちんとできないから生じる症状です。

大人のあなたに必要な数学の勉強はあと残りわずかです。数学コトバを使い、計算しない数学で「学び直し」を続けましょう。

コラム

あの人がした「構造化」

数学者パスカルの例です。

人を説き伏せるのに
二つの方法があるという。
その一つは、理づめに
とことんまで議論して、
相手を〝論破〟することであり、
もう一つは、人の気に入るような
ものの言い方をすることだ。

『数学序説』
（吉田洋一・赤攝也、
ちくま文庫）より

一方がダメそうなら、もう一方を選べ。消去法を使え。歴史的な大数学者が、現代のビジネスパーソンにそう訴えています。

1

2

芸人の松本人志氏の例です。

（お笑いは）ちょっとまぁ七並べに似てるとは思いますかねぇ。

NHK『プロフェッショナル 仕事の流儀』より

私はお笑いに関しては素人ゆえ、発言の真意を100%理解することはできません。しかし、明らかに「笑い」を、それと同じ構造のものに喩えた発言でしょう。

やはり、一流は頭の中で「数学」をしているのです。

作詞家の秋元康《あきもとやすし》氏の例です。

人生は紙飛行機
願い乗せて飛んで行くよ
風の中を力の限り
ただ進むだけ
その距離を競うより
どう飛んだか　どこを飛んだのか
それが一番大切なんだ
さあ　心のままに
365日

『365日の紙飛行機』より

国民的アイドルAKB48のヒット曲の一節です。朝のNHK連続テレビ小説の主題歌にもなりました。人生とは何なのか、何が大切なのか。それを別のものに喩えたら何なのか。このアイドルのファンではない私でも、聞いた瞬間に心奪われた一節です。

「人生とは、○○○である」

改めて考えてみませんか。

3

chapter

4

人生を変える「論証力」の磨き方

1 あなたは納得して生きているか

人は「なるほど」がないと動けない

いきなり妙な質問かもしれませんが、かつてあなたは数学の問題の答えをなぜ解答用紙に記入できたのでしょう。

おそらく、そこまでのプロセスに矛盾がないから、きちんと論理的に導いたものだから解答用紙にその答えを記入できたのです。それが正解だと納得して。

「矛盾なく論証する」

これが本章のテーマです。

数学においては問題の正解にたどり着く行為と言ってもよいでしょう。かつてあなたが数学の問題を解き、解答用紙に答えを記入する直前にしていた行為のことです。シンプルに言えば、あなたが納得するためのプロセスです。

そんな「納得」をたくさんつくれるかどうかは、人生に大きな影響を与えます。なぜなら、人は「納得」がないと行動できない生き物だから。

なぜ自分は有名企業への就職ではなく、フリーランスを選ぶのか

⬅ **なぜなら**

会社のブランドよりも、個人のブランドが価値を持つ時代だから

なぜ自分はその取引先に発注するのか

⬅ **なぜなら**

選ぶにあたり重要視した「品質」がもっとも高いから

なぜ自分は今日、飲み会を断ったのか

⬅ **なぜなら**

無理をすると、明日の重要なプレゼンテーションに影響が出るから

なぜ自分はその相手と結婚するのか

⬅ **なぜなら**

自分の弱さをすべてさらけ出せた唯一の相手だから

重要な局面であればあるほど、人は数学コトバを使って「納得」をつくるものです。つまり、私たちが遅滞なく行動できるか否かは、数学を使えるかどうかにかかっているといっても過言ではありません。

自分が納得してこそ相手を納得させられる

「納得」などいらない。自分の思うままに行動すればよい。

Don't think, Feel!（考えるな、感じろ！）

そんな言葉を好む人もいるでしょう。

でも、ちょっと待ってください。「納得」をつくれることが大切な理由は他にもあります。第1章でも触れた「自分ではわかっているのに説明できない症候群」を思い出してみましょう。

誰かに論理的に説明できない理由はただひとつ。そのことを自分自身に論理的に説明できないからです。

そういう意味で先述の症状は「自分ではわかっているつもりだけど本当はわかっていないから相手に説明できない症候群」という表現が正しいのです。

たとえば数学教師と生徒。なぜそう解くのかを教師自身が納得できていなければ、生徒に「なるほど」と思わせることなどできないでしょう。「教科書に書いてあるのだからそのとおりにやりなさい」では、生徒を納得させられません。そんな指導では、生徒が数学を学ぶという行動に前向きになれるはずがありません。

あるいは、あなたが営業部長だとして、部下に勤務時間の短縮を指示しなければならないとします。部下はみな売り上げという数字をつくるために現場で必死に汗を流しています。にもかかわらず、残業コストの増大を理由に「効率的な営業をしなさい」と言わなければなりません。

部長のあなたがそのことに納得できていなければ、当然ながら部下を納得させることも難しいでしょう。「社長がそう言っているのだからそうしなさい」では、部下を納得させられません。

あなたが「納得」できないことは、あなたの周囲も「納得」できないのです。その結果、あなたもあなたの周囲も行動ができないのです。

ですから、私たちはできるだけ数学的な思考で自分と周囲に「納得」を生み出し、疑問をゼロにして行動できるようにしたいものです。

数学を通じて「人生」を考えよう

数学には「矛盾を許さない」という絶対的な哲学が存在します。何かひとつでも論理矛盾があれば、それは「間違い」や「成立しない議論」だと結論づけられます。

たとえば円の定義は「まんまる」ではなく、「ある一点からの距離が等しい点の集まり」です。ほんの一点でもそれに該当しない点が存在すれば、それは円ではあ

図表15　円と円でないものの違い

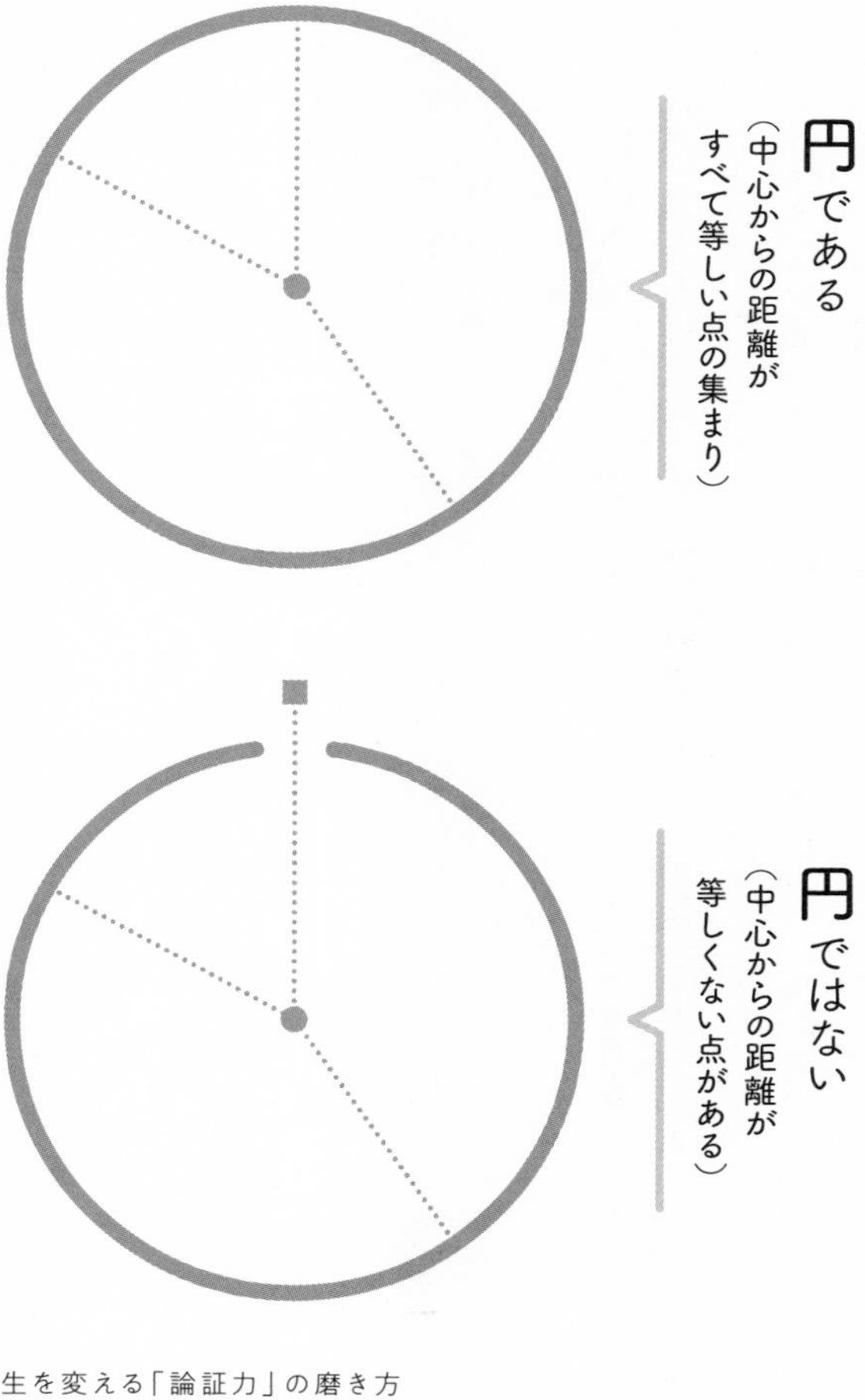

りません（前ページ図表15参照）。

ほんの一点の矛盾もない状態だからこそ、私たちは安心して円の問題を解くことができます。ゆえに、数学を使って何かを論証するということは、必然的に1％の矛盾もない状態を目指して考えるということでもあります。

1％の矛盾もない状態ができたとき、あなたやあなたの周囲は「なるほど」と納得して行動に移せます。


現代は行動できる人が少ないと言われます。もしかしたらそれは「納得」をつくるスキルが足りないからかもしれません。

自己啓発書によく書かれていることではありますが、人生を決める要素は、どれだけ想うかではなく、どれだけ行動するかだと思います。そういう意味で、あなたが数学を使えるかどうかは人生すらも決めるきわめて重要なことなのです。


あなたが学生時代にお世話になった数学の先生を思い出してください。きっと情熱的で、生徒想いの教育者だったはずです。

しかしその授業の中で、数学を通じて人生を語ってくれたことはあったでしょうか。あなたはその教科書や参考書から、生きるために必要なことを学んでいたでしょうか。

キーワードは「人生」。

さあ、いよいよクライマックスです。

2 「ナンバーワンにならなくてもいい」は誤りだ

名フレーズも数学的なフィルターを通すと!?

かつての国民的アイドルグループの代表曲の歌詞に、このような一節があります。あなたも耳にしたことがあるのではないでしょうか。

「ナンバーワンにならなくてもいい。
もともと特別なオンリーワン」

いい歌詞だと思います。多くの人を勇気づけた名言と言ってもいいでしょう。しかし、私はこのフレーズを数学的なフィルターで眺めたとき、正直に言えばあまり感動できませんでした。私は心が汚れているのでしょうか（苦笑）。

私は「ナンバーワンにならなくてもいい」という言葉から、このような思考回路になってしまったのです。

「では、ナンバーツーを目指せばいいのか？ ナンバースリーでいいのか？ それとも……？」

なんと不毛な思考。そういうことではないですよね。曲のフレーズは要するに「人と競い合うことなどしなくても、幸福になれるよ」という意味なのですから。

そこで再度考えてみます。私たちは、本当に人と競い合うことなどしなくていいのでしょうか。

あなたはこれまでの人生で、人と競い合うことはなかったでしょうか。勝ち負けを経験したことはないでしょうか。負けを経験して、悔し涙を流したことはないでしょうか。その涙が、あなたを次の行動に移させる原動力にはならなかったでしょうか。ビジネスも、就職も、恋愛も、競い合うことで成立しています。勝者と敗者がいるという紛れもない事実があります。

小さなことでいいから競い合って勝て

そこで私は数学を使って、あるテーマを論証してみます。それはこれです。

「人が幸福を得るためには『ナンバーワンにならなくてもいい』は誤りである」

背理法《はいりほう》という論法も使いましょう。背理法とは、いったん何かを仮定し、数学的な論述をしてみて矛盾が生じることで仮定を誤りだと結論づける方法のことです。理《ことわり》に背《そむ》く方法なのでこのような名称になっています。

【背理法で、「ナンバーワンにならなくてもいい」が誤りであることを論証】

「ナンバーワンにならなくてもいい」が正しいと仮定する

⬅ **言い換えると**

「人と競い合うことなどしなくても、幸福になれるよ」が正しいと仮定する

⬅ **しかし**

人生（ビジネス・就職・恋愛など）は競い合うことで成立している

⬅ **しかも**

勝者と敗者がいるという紛れもない事実がある

⬅ **さらに**

当然、敗者よりは勝者のほうが幸福でいられる可能性は高い

⬅ **ゆえに**

「競い合い、そして勝つ」ということから逃げてばかりでは幸福にはなれない

⬅ **つまり**

仮定に矛盾する

⬅ **したがって**

幸福になりたいなら、いつかは人と競い合い、どこかでナンバーワンになるべきである

⬅ **以上より**

冒頭の仮定は誤りである

人の幸せはそれぞれです。この論証もおそらく賛否あるはずです。

しかし、少なくとも私はこの論証をし、結論に納得しました。

だから、人生においてどんな小さなことでもいいからナンバーワンになれるものを探し、行動してきました。

たとえば、数年前に日本数学検定協会が主催する「ビジネス数学検定」で、日本

初の1級AAAの認定を得たことなどはまさにそれ。ビジネス数学というきわめてニッチな分野で、でもそこで専門家として圧倒的なナンバーワンになると誓い、他にもたくさんの行動をし、実績を積み上げてきたつもりです。

そしていま、私は心豊かに楽しく仕事をしています。もちろん幸福です。数学を使って得た「納得」が人を動かすとは、こういうことなのです。

私には現在のところ子どもはおりませんが、もし子どもがいたとしたら、わが子には数学コトバを使ってこう伝えるでしょう。

「どんな小さなことでもいいから、お前がナンバーワンになれるものを見つけなさい。なぜなら、数学と私の人生そのものがその大切さを証明してくれているからだ」

3 成功のヒントは数学的帰納法にある

最初がYESならすべてYES

あなたは「ドミノ倒し」を体験したことがありますか。ドミノ（牌《パイ》）を置いて最初のひとつを倒すと、パタパタと順番に倒れていき、最終的にはすべて倒れます。

1番目のドミノが倒れるということは、2番目のドミノが倒れる。2番目が倒れるということは、3番目が倒れる。したがって、すべてのドミノを不備なく整然と置いていれば、こう言って差しつかえないでしょう。

1番目のドミノが倒れる＝すべてのドミノが倒れる。

実はこの論理が数学でも大いに活用されています。数学的帰納法と呼ばれる論法です。高校生のころに勉強した記憶がある人もいるかもしれませんが、あらためて紹介しましょう。

【数学的帰納法】

ある主張がある。

A：まず出発点が正しいことを証明する

B：直前が正しければ、次も正しいことを証明する

以上、AとBよりすべての場合においてその主張が正しいと結論づける。

きわめて抽象的でよくわからないと思います。

具体例をあげましょう。

たとえば左ページ図表16のような主張を証明するときなどに活用されます。細かい計算は主題ではないので割愛しますが、証明する流れを見てください。「自明」「仮に」「以上より」といった数学コトバを使い論述していきます。

さらにこの論法のすごいところは、AとBのたったふたつが正しいと証明できれば、すべてのケースにおいて正しいと結論づけてかまわない点です。

先ほどのドミノの例では、次のふたつがそれに該当します。

図表16　数学的帰納法

問題

nが正の整数のとき、次の等式が成り立つことを証明せよ。

$$1+2+3+\cdots+n=\frac{n(n+1)}{2}$$

⬇

証明ロジック

A：まず出発点が正しいことを証明する

$n=1$のとき

自明。

B：直前が正しければ、次も正しいことを証明する

$n=k$のとき

仮に次の等式が成立しているとして、

$$1+2+3+\cdots+k=\frac{k(k+1)}{2}$$

次の等式が成立することを示す。

$$1+2+3+\cdots+(k+1)=\frac{(k+1)(k+2)}{2}$$

以上より、すべてのnにおいて
等式は成立すると証明できる。

す。

Aは「1番目は倒れる」。

Bは「すべてのドミノを不備なく整然と置いている」。

このふたつさえ事実なら「ドミノはすべて倒れる」と結論づけてかまわないのです。

自己啓発書を数学的に読み解くと

では、数学的帰納法は私たちの日常ではどんな場面で登場しているのでしょう。正直申し上げて、「ほとんど使わない」というのが私の答えです。

しかし、人生に不要な論法かというとそうではありません。数学的帰納法はとても大切なことを教えてくれています。

たとえばいわゆる自己啓発書です。生きていくうえで大切なことを確認するため、もっと人として豊かになるため、いつまでも自分らしくあるため、自己啓発書でインプットすることもあるでしょう。

すると、たいていこのようなことが書かれているのではないでしょうか。

・小さなことからコツコツと
・続けることが大切だ
・まずは第一歩を踏み出そう

まったくそのとおりだと思います。

いきなり数学の難問を証明できないように、私たちはいきなり大きな成果や成功なんて生み出せません。小さなことの積み重ねが大きな成果につながるのです。

小さな成果を出せない人は、大きな成果など出せません。

そして、積み重ねるためには続けることが重要です。だから習慣や継続する仕組みが必要だと多くの本に書かれています。

成功のための方法はドミノ倒しと同じ

しかし、仮にそんな仕組みがあっても最初の第一歩がなければまったく意味がありません。

つまり、私たちが人生において何か成果を出し成功をつかむための方法論は、ドミノ倒しと同じ構造になっているのです。

そしてドミノ倒しは数学的帰納法と同じ構造です。

三段論法を使えば、私が申し上げたいことはもはや「自明」でしょう。数学的帰納法はとても大切なことを教えてくれているのです。

私は、次の1行で整理しました。


小さな第一歩＋それを続ける、という構造があれば大きな成果は必ず出せる。


そういう意味では、「自己啓発書によく書かれていること」は数学的にも正しいと申し上げていいでしょう。

1％の矛盾も許さない数学が証明してくれている事実です。もしあなたがこの証明を通じて「納得」できたとしたら、あらためて「小さなことからコツコツ」を意識するかもしれません。そのことを習慣にする工夫を考えるかもしれません。いままで逃げていたことに向き合い、第一歩を踏み出すかもしれません。

数学で証明された事実を信じて、いますぐ行動してみてはいかがでしょうか。

数学は納得をつくる。
納得できるから人は動く。
ゆえに数学で人は動く。

4 数学コトバで人生からムダをなくす

最初が間違っていると、すべて間違っている

数学が矛盾を許さない学問であることは、すでにお伝えしました。それに加えて、実は数学にはムダをきわめて嫌う一面もあります。たとえば第2章で、カーナビはきわめて数学的であるという話をしました。まさにカーナビはドライブにおけるムダを省くためのものですね。

私は専門外ですが、実は数学の研究は渋滞の解消にも役立っています。また、生産ラインの稼働率と生産量や発生コストなどの関係を分析し、最適な生産量を導き出すのもまた数学の役目です。

つまり、数学を正しく使うことは、世界からムダを排除していくことにもつながるのです。みなさんがイメージしやすい表現としては「効率的にする」ということかもしれません。

ではあなたの人生において、数学を使うことでどんなムダを省くことができるで

しょうか。

できれば普段から当たり前のようにすること、でもそこにムダが存在するもの、そんなテーマがいいですよね。

私が考えたテーマは「ムダな議論を省くことができる」です。

たとえば、あなたが誰かと議論をしたり何かを説明したりしているとき、次のような言葉を相手から言われたことはないでしょうか。

「ちょっと待って。そもそもさ……」

告白します。私はサラリーマン時代、上司に説明をする際によくこのツッコミをされました。しかも用意した説明内容をすべて伝え終わってから。

せっかく説明した内容がすべて否定された感覚。この数分間がムダな時間だったという事実。

そのときの私の気持ちは、大袈裟に表現すれば「絶望」の二文字でした。似た経験をお持ちの人は、私のこの気持ちが理解できるかもしれません。

では、いったいなぜこのような悲劇が起こってしまうのでしょうか。だいぶあとになってから理由がわかりました。

最初に大前提を定義していないからだ。

たとえば左ページ図表17のような数学の問題を考えてみましょう。

つまり、数学とは大前提を確認しなければ思考も議論も始められない。大前提の定義が異なれば、答えも異なるということです。

1％の矛盾もなく論証することが数学ですから、最初にすることはきわめて重要ということになります。

そう言えば、数学の授業は新しい単元になると必ず「まずは○○の定義から」と始まります。その定義が共有できていなければ授業は成立しません。

そんな数学の常識を、かつての私はなぜビジネスシーンで使えなかったのか。いまでも反省する次第です。

図表17　前提を定義する

問題

方程式 $2X + Y = 6$ を解きなさい。

解説

もし中学校までの数学を前提に考えるなら〈回答1〉のように答え、高等数学を前提で考えるならば何の疑問もなく〈回答2〉のように答える。

回答1

答えられない。

もうひとつXとYに関する数式がないと解けない。

回答2

$X = t$、$Y = -2t + 6$（ただし、tは変数）

つまり、**解は無限に存在**する。

5 「そもそも」を思考の武器にせよ

自分の仕事を定義してみよう

一方で、「そもそも……」というツッコミは、実は武器になることもあります。イマイチ「納得」が得られないことがあるときです。そんなときは「そもそも……」と自問自答してみることで、大前提をどう定義しているかを確認してみてはいかがでしょうか。

たとえば上司から「売り上げを伸ばすことがあなたの仕事だ！」と叱責されたとします。ビジネスパーソンである以上、たしかにそれは正解です。でもその内容がしっくりこないのであれば、こう自問自答してみてはどうでしょう。

「そもそも自分の仕事はいったい何なのか？」

もしかすると、別の定義が出てくるかもしれません。仮にこう再定義できるのだとしたらどうでしょう。

「私の仕事はお客様のご満足を生み出すことだ」

「売り上げを伸ばすこと」と「お客様を満足させること」では、あなたの行動も変わってくるのではないでしょうか。

本来はしなくてもいい仕事をしていたことに気づけるかもしれません。あるいは、すべきことへの最短のアプローチが明確になるかもしれません。

つまり、あなたは「ムダな行為」を省くことができるかもしれないのです。

ですから私はビジネスパーソンの教育研修の現場で、「あなたの仕事は何ですか」というワークを参加者にやっていただくことがあります。

Q1　あなたの仕事を定義せよ

Q2　その仕事に必要な行動を具体的に説明せよ

たとえばQ１の答えが、「マネジメントです」といった曖昧な概念でしか仕事を定義できない人は、Q２にも曖昧な表現でしか答えられません。当然、このような人は具体的な行動もできないのが常です。

一方、「部門のマネジメントをし、月間の粗利○○万円を達成すること」というように定量化した概念で定義できる人は、Q２の答えも明確です。明確だから、迷わず具体的な行動をしています。

違いはたったひとつ。定義の内容だけです。

それだけで、人の行動は劇的に変わるのです。

もし私が「すべての数学コトバの中でどれがもっとも重要か」と訊ねられたら、迷わず「定義する」であると答えます。

「意識」でなく「行動」が人生を変えていく

意識が変わっただけでは、人生は変わらない。

行動が変わると、人生は変わる。

実にそのとおりだと思います。

数学コトバを使った矛盾のない論証は、あなたの行動を変えます。すなわち、あなたの人生を変えることもできるのです。

数学を正しく使えれば、人生も変わる。

その証明は、次のとおりです。

【数学コトバを使うことで、あなたの人生は変わる】

自分のすべきことの本質を再定義した

⬅ **かつ**

ムダなものも排除してシンプルになった

⬅ **さらに**

それに対してあなたは「納得」した

⬅ **ゆえに**

あなたは行動を変えられる

⬅ **さらに**
行動を変えると人生は変わる
⬅ **ゆえに**
あなたは人生を変えられる

私があなたに本書でお伝えすべきことの99％は、これでお伝えしたと言っていいでしょう。

最後の1％の話を、いまから始めます。

6 数学の美しさがわかればイノベーションが起きる

「美しさ」の正体

数学を正しく学んだ人は、数学に対して「美しい」という表現をすることがあります。一方で、数学に苦しんだ人は、「何が美しいの？」とサッパリ理解できないかもしれません。

数学コトバを使った数学の学び直し。残り1%のお話は、まさにこの「数学の美しさ」です。ただし、美しさの定義はひとつではありません。たとえば、次のふたつを比べたとき、あなたはどちらを美しいと評価するでしょう。

・東京スカイツリーの展望デッキから眺める夜景
・冬の青空にそびえ立つ富士山

夜景のほうが美しいと感じる人もいれば、富士山のほうが美しいと評する人もいます。美しい女性のことを「美人」などと表現しますが、世界中の誰もが「美人」と評する女性はおそらくいないでしょう。

要するに、数学の何に美しさを感じるかは、人それぞれだということです。ある数式が美しいと感じる学生もいれば、ある定理の論理体系が美しいと感じる数学者もいるのです。

ですから、これから説明する「数学の美しさ」も、あくまで私ひとりの世界観だと思っていただけると幸いです。何がどう美しいのかを深めていきながら、本書の著者として最後のメッセージをお伝えしようと思います。

「美しさ」を言語化する

まずは、本章で登場した「矛盾」という概念をピックアップします。

くり返しになりますが、数学とは矛盾を許さない学問です。多少はあってもいいというものではなく、ほんの1%も存在を許さないのです。数学においては、矛盾は「悪いもの」と考えます。

では私たちは日常において、その「悪いもの」がない状態をどう表現しているでしょうか。

たとえば、虫歯や歯石などがない歯を「キレイな歯」と言います。胃の中を内視鏡で検査するとき、悪いものが見当たらなければ、医師はそれを「キレイな胃をしている」などと表現しないでしょうか。

つまり、こういうことです。

「矛盾がない」＝「悪いものがない」＝「キレイな状態」

また、先ほど説明したように数学はきわめてムダを嫌う学問でもあります。

ムダなものがある状態とは、たとえばどんなものが思い浮かぶでしょうか。

私は「ものが捨てられない人の部屋」が頭に浮かびました。ものが多くて雑然とし、整理されていない状態。この喩えを採用すれば、ムダを省くということは、必要なものだけ残してあとは捨て、部屋の中を整理する行為と言えます。

もしあなたがその行為をしたら、終わったときにはおそらく「とてもキレイになった」と言うことでしょう。

「ムダがない」＝「必要なものだけがあり、かつ整理されている」＝「キレイな状態」

ここまでをまとめれば、おそらくあなたは「矛盾がなく、かつムダもないもの」のひとつの喩えとして、ホコリひとつなく、ムダなものがひとつもなく、スッキリ整理された部屋、つまり「きわめてキレイな部屋」をイメージするでしょう。

私の考える「数学の美しさ」はここにあります。

数学とは「掃除をしたキレイな部屋」を見せることである

数学とは、ものごとの構造を把握し、1％の矛盾もなく論証し、それを相手にわかりやすく伝えるということでした。

これを「部屋の掃除」に置き換えて表現し直します。

部屋の中にある不要なものはすべて捨て、必要なものだけ残し、それらを整理したうえで、相手に見せること。だから、その部屋を見た人は「キレイ」と感じる。

これが、私の考える「数学の美しさ」の正体です。
本質を2行で表現します。

数学とは、掃除をした部屋を見せることである。
ゆえに、数学には美しさがある。

お気づきかもしれませんが、私はこの2行をあなたにお伝えするために、まさに数学を使いました。もちろん本書でご紹介した3ステップを使って。

①まずは数学というものの構造を把握し、それを「部屋の掃除」に喩えた
②次に「数学の美しさ」の正体を論証し、自分自身で納得を得た
③その論証に納得したがゆえに、自信を持って数学コトバも使ってあなたに伝えた

もしあなたが先ほどの2行を読んで腑に落ちたとしたら、また、ほんの少しでも数学の美しさの一端が見えたとしたら、それは私が「掃除した部屋を見せたから」

なのです。
そろそろお別れです。私はあなたと一緒にある事実を証明したつもりです。

計算しなくても、数学はできる。
数学とは、美しいものである。
ゆえに、計算しなくても数学の美しさは説明できる。

Q．E．D．（※）

※ラテン語のQuod Erat Demonstrandum（かく示された）が略されてできた頭字語。
証明や論証の末尾に置かれ、議論が終わったことを示す。

本書は講談社より刊行された単行本を文庫化したものです。

深沢真太郎（ふかさわ・しんたろう）

ビジネス数学教育家。BMコンサルティング株式会社代表取締役。一般社団法人日本ビジネス数学協会代表理事。国内初のビジネス数学検定1級AAA認定者。

1975年神奈川県生まれ。幼少の頃より数学に没頭し、日本大学大学院総合基礎科学研究科修了後、大学院にて理学修士（数学）を取得。予備校講師、外資系企業の管理職などを経て、2011年に「ビジネス数学」を提唱する研修講師として独立。大手企業やプロスポーツ団体の研修を手がけ、数字や論理思考に強いビジネスパーソンの育成に務める。2018年からビジネス数学インストラクター養成講座を開講。指導者の育成にも従事している。主な著書にベストセラーとなった『数学女子 智香が教える 仕事で数字を使うって、こういうことです。』（日本実業出版社）、『「仕事」に使える数学』（ダイヤモンド社）、『数字アタマのつくりかた』（三笠書房）など多数。

知的生きかた文庫

数学的《すうがくてき》に考《かんが》える力《ちから》をつける本《ほん》

著者　深沢《ふかさわ》真太《しんた》郎《ろう》

発行者　押鐘太陽

発行所　株式会社三笠書房

〒一〇二-〇〇七二　東京都千代田区飯田橋三-三-一

電話〇三-五二二六-五七三四〈営業部〉

〇三-五二二六-五七三一〈編集部〉

https://www.mikasashobo.co.jp

印刷　誠宏印刷

製本　若林製本工場

ISBN978-4-8379-8663-8 C0130

知的生きかた文庫

人を動かす 聞く力&質問力

松本幸夫

仕事ができる人は、例外なく「聞く力」を磨き、「質問力」を駆使している！ 人気コンサルタントが伝授する究極の会話術・コミュニケーション術！

頭のいい説明「すぐできる」コツ

鶴野充茂

「大きな情報→小さな情報の順で説明する」「事実＋意見を基本形にする」など、仕事で確実に迅速に「人を動かす話し方」を多数紹介。ビジネスマン必読の1冊！

「1冊10分」で読める速読術

佐々木豊文

音声化しないで1行を1秒で読む、瞬時に行末と次の行頭を読む、漢字とカタカナだけを高速で追う……あなたの常識を引っ繰り返す本の読み方・生かし方！

超訳 孫子の兵法「最後に勝つ人」の絶対ルール

田口佳史

ライバルとの競争、取引先との交渉、トラブルへの対処……孫子を知れば、「駆け引き」と「段取り」に圧倒的に強くなる！ ビジネスマン必読の書！

なぜかミスをしない人の思考法

中尾政之

「まさか」や「うっかり」を事前に予防し、時にはミスを成功につなげるヒントとは——「失敗の予防学」の第一人者がこれまでの研究成果から明らかにする本。

C50344